CONTES
AU CLAIR DE LUNE

Illustration des contes :

Ndeye Bineta Mbaye   **instagram** : bi_neutah
Léna Habib Mbaye   **instagram :** Lena_fleks
Ndeye Aîssatou Mbaye   **instagram :** aizha_221

Dépôt légal – 2ème trimestre 2020

Bibliothèque et Archives nationales du Québec, 2020
Bibliothèque et Archives Canada, 2020
© Presses panafricaines, juin 2020
ISBN : 978-2-924715-27-7

Montréal – Canada
Courriel : infos@presses-panafricaines.com
Site internet : www.presses-panafricaines.com

Bity Gaye Kébé

CONTES
AU CLAIR DE LUNE

Collection **Soleil d'hiver**

De la même auteure :

Mes vicissitudes, poésie, 122 pages

Publié aux presses panafricaines, 2018

Dédicace

Aux amis du conte.

La fille qui refusait d'épouser
un homme portant une cicatrice

Léebóon! Lipóon[1]

Une belle jeune fille prétendait qu'elle n'épouserait jamais un homme avec une cicatrice sur le corps. Fadama le disait à qui voulait l'entendre: « Je ne me marierai jamais à un homme portant une cicatrice ». Mais existe-t-il un homme sans aucune cicatrice sur son corps? Un homme, dès sa naissance, porte déjà une cicatrice au nombril. Mais malgré cela, elle décida d'attendre le temps nécessaire pour trouver chaussure à son pied.

Ses prétendants lui proposaient monts et merveilles, mais échouaient tous après la fouille.

Son *doomu-baay*[2] avait le pouvoir de se transformer en mouche. Il se chargeait de détecter les cicatrices les plus élémentaires.

Fadama était très fière de lui. Quelle que soit la

---

1. *Léboon lipoon* est une formule d'ouverture du conte wolof.
2. *Doomu-baay* : Demi-frère ou demi-sœur.

force de ses sentiments pour l'un des prétendants, elle demandait toujours à son demi-frère de le palper. Ce dernier s'exécutait rapidement en se transformant en mouche et pénétrait en lui. Après sa fouille, il venait discrètement souffler à l'oreille de sa sœur :

— Il a des cicatrices !

— Qu'il s'en aille alors ! Rétorqua aussitôt sa capricieuse sœur.

Le lendemain un autre soupirant se présentait.

— Encore quelqu'un, lève-toi mon frère !

Le demi-frère se leva et fit «*Vrrrr*!». Il pénétra en lui.

Il pénétra en lui, pénétra en lui encore.

— Celui-là en a beaucoup !

— Qu'il s'en aille !

Le surlendemain, un autre prétendant se présentait.

— Moi, je n'ai jamais eu de cicatrice. Je veux être ton fiancé Fadama!

Pour toute réponse, elle demanda à son frère de le fouiller. Celui-ci se transforma aussitôt en mouche et pénétra en lui. Il fouilla, fouilla encore et lui dit :

— Il ne peut pas t'épouser, il a une cicatrice.

— Qu'il parte!

Il en fut ainsi jusqu'au jour où un superbe jeune individu l'entendit. Il se vêtit magnifiquement. C'était un jeune homme beau et grand.

Il se présenta.

— Avez-vous la paix ?

— La paix seulement !

— Je suis venu te voir, car j'ai entendu parler de ta beauté !

La fille capricieuse le reçut bien. Elle le trouvait beau et l'aimait déjà, ainsi demanda-t-elle à son frère de vérifier.

« *Vrrrr* » ! Il devint une mouche aussitôt. Il pénétra en lui, le fouilla, inspecta tout son corps.

– Hum ! Fadama ! Cet homme ne porte aucune cicatrice ! Mais… hum… (Il hésita un peu). Il n'a pas l'odeur d'un homme ! Il ne porte nulle part une cicatrice, mais il n'a pas non plus l'odeur d'un homme !

Fadama se mit en colère.

– Oh ! *Doomu baay* est jaloux ![3] On parle souvent de la jalousie qui caractérise le demi-frère, c'est maintenant que je m'en rends compte. Tu as chassé tous mes prétendants, car ils avaient des cicatrices. Mais celui-ci, le plus beau, est sans cicatrices et tu voudrais que je le chasse ? Tu voudrais lui trouver des défauts ?

– Oui sans tache mais il n'a pas l'odeur d'un humain ! Je t'aurais prévenue.

– Je l'aime et je vais l'épouser !

____

3. *Doomu-baay* : C'est le demi-frère ou la demi-sœur.

Quelques jours après, le mariage fut célébré avec faste. Enfin Fadama avait trouvé le mari de ses rêves. Il s'appelait Assouman et habitait un village lointain. Mais cela suffisait amplement à Fadama, elle était heureuse.

Son mari tout aussi heureux la couvrit de cadeaux. Il s'installa chez elle et y passa d'agréables moments.

Ils coulèrent des jours heureux et tout le monde pouvait voir l'amour qui les unissait.

Le mari, comblé, couvrit encore son épouse de cadeaux.

Après une semaine de festivités chez ses parents, Fadama devait maintenant rejoindre sa maison conjugale. Son mari était impatient de l'emmener chez lui, dans leur nouveau foyer.

Elle lui fit part de ses vœux :

– Je dois être accompagnée par les filles de mon rang. Elles resteront avec moi pendant au moins trois jours avant de reprendre le chemin du retour. Codou de Massamba Faye[4], Faty de Sangoné Makodou et Bigué de Sidy Khourèye. Elles vont m'accompagner à ma nouvelle maison.

Ses amies se tressèrent et mirent leurs plus beaux habits. Elles étaient contentes de faire partie du voyage. Le soir, après les rituels d'usage, Fadama, en larmes, quitta la maison de son enfance. Ses amies chantaient pour lui donner du courage.

Le beau garçon habitait dans un village un peu lointain. Il se fit un plaisir de guider les filles sur la route.

Il fallait maintenant traverser une rivière avant

---

4. Massamba, Sangoné Makodou, Sidy Khourèye sont des rois dans les royaumes wolof du Kajoor et du Baol (Senegal).

d'accéder chez lui. Une rivière assez profonde qu'il fallait traverser.

Assouman s'approcha de l'eau et chanta :

« Teete yoo… Jaasumaani teete yoo…

Teete yoo…Jaasumaani teete yoo…

Teete yoo… Jaasumaani teete yoo… »

L'eau de la rivière descendit et ils traversèrent sans problème. Les filles se regardaient sans oser parler. Elles marchèrent derrière le couple. Enfin, elles arrivèrent chez Assouman.

Il y avait beaucoup d'arbres et de verdure. La demeure était étrangement silencieuse et froide.

Au petit matin, il leur dit au revoir et partit à la chasse. Il chassa longtemps, mais rentra bredouille. Il revint chez lui et ouvrit de grands yeux.

Les filles avaient faim, elles commençaient à s'inquiéter. Bigué se lamenta la première :

— Ah ce mari-là, il n'y a même pas à manger chez lui !

Il ne fait que nous fixer avec ses grands yeux !

— Sa maison est bizarre ! Il n'y a que nous. Où sont ses amis ? Ses parents ? Se demanda Faty.

— J'ai peur, moi je veux rentrer au plus vite ! Dit Codou.

Bigué, nerveuse, continue de se lamenter :

— Moi, suis toujours glacée par la traversée de

la rivière. Et ici, il n'y a ni chants ni danses, encore moins à manger. Une nouvelle mariée sans fête ? C'est vraiment bizarre !

Fadama ne perdait pas une miette de la conversation de ses amies. Elle avait honte et faisait semblant de n'avoir rien entendu. Elle-même commençait à avoir peur, la faim la tenaillait en plus, mais elle n'osait rien dire.

Assouman, si gentil et prévenant, lui parlait à peine. Il restait immobile et fixait tout le monde. Tout d'un coup, il commença à lécher les pieds des filles. Elles étaient pétrifiées, mais n'osaient bouger !

Le corps du jeune homme se transformait progressivement ; brusquement, il se roula par terre et s'enroula sur lui-même.

Fadama hurla. Les cris de ses amies retentirent en écho et ce fut la débandade !

Assouman se transforma en un gros python et se glissa rapidement dans la végétation pour attraper Fadama et ses amies.

Il voulait punir sa femme pour ses caprices et son insolence. « Elle a voulu d'un homme sans aucune cicatrice. Eh bien, mon corps est beau et lisse. Maintenant, je vais la manger. » Siffla-t-il.

Fadama et ses amies couraient. Elles couraient, couraient, couraient jusqu'à perdre haleine.

« C'est un serpent ! *Woyáyóoy ! wooy ! Woyáyóoy!* C'est un serpent ! *Woyáyóoy !* »

Fadama pleurait, criait, courait et s'arrêtait pour reprendre un peu son souffle.

– Lorsque nous sommes arrivées hier, j'ai aussitôt eu un mauvais pressentiment. Il est resté immobile et gardait le silence. Aujourd'hui il léchait nos pieds et nos bras. Quelle horreur! Courons! Courons !

Elles couraient, couraient toujours, couraient encore et arrivèrent enfin devant la rivière.

– Pauvre de nous ! Comment allons-nous passer ? Se demanda Faty en fixant Fadama.

– Lorsque nous venions, ton mari avait chanté une chanson qui avait fait descendre le niveau de l'eau. Tu la connais ?

– Je pense, essayons ensemble.

« Teete yoo… Jaasumaani teete yoo…

Teete yoo… Jaasumani teete yoo…

Teete yoo… Jaasumani teete yoo… »

L'eau ne bougea pas. Elles recommencèrent, mais rien ne se passa.

Fadama s'avança dans l'eau. Elle aperçut un jeune homme très grand sur l'autre rive. Il ressemblait à un chasseur par son habillement.

Il les interpella :

– Hé ! Que faites-vous ici ? Savez-vous nager ?

– Un serpent, un gros python nous poursuit, il veut nous tuer ! Répondit Fadama, tremblante.

– Attendez! N'avancez pas!

Il vint à leur rencontre et leur demanda de le suivre. Une fois hors de l'eau, il alla seul à la rencontre du serpent et vit ce dernier se diriger vers la rivière. Le chasseur formula des prières protectrices puis avec sa flèche le frappa à la tête. Le python poussa un cri étrange avant de tomber raide. Assouman le mit dans un grand sac.

Il retrouva enfin les filles apeurées et leur promit de les conduire saines et sauves chez elles. Le danger était écarté.

Elles s'inquiétèrent de nouveau. Le serpent était mort, mais elles ne pouvaient pas traverser.

Le jeune chasseur chanta aussitôt :

> « *Sawayoo bara koni ki tar*[5]
>
> *Mal ma jïg.*
>
> *Sawayoo bara koni ki tar*
>
> *Mal ma jïg* »

L'eau descendit très bas. Et tout le monde traversa. Ils marchèrent sans problème jusqu'à leur village.

Fadama demanda pardon à ses parents, à son frère et à ses amies. Elle comprit que la dignité valait plus que la beauté.

Le chasseur lui dit sans attendre :

– Si tu m'aimes, nous pourrions nous marier. Cependant je porte de grandes cicatrices sur tout mon corps.

---

5. Chant mystique du chasseur.

– J'accepte, je t'aime comme tu es ! Ton courage et ton altruisme ont eu raison de mes caprices.

Ils vécurent heureux.

Fi la lèeb tabbe gèej. Ku ka ñëkë fõon dem Aldiana[6].

---

6. C'est ici que le conte s'est jeté à la mer et le premier qui le sentira ira au paradis.

Ngambadj[1]

Léebóon! Lipóon[2]

Il était une fois une jeune maman qui vivait avec son mari et ses enfants. Leur foyer était agréable et vivant, car ils avaient beaucoup d'enfants. Cependant la jeune maman sentait un manque dans sa demeure. Elle ne mettait au monde que des garçons et désirait fortement avoir une fille.

À chaque grossesse, elle priait et espérait enfin avoir une fille, mais en cherchant coûte que coûte une fille, elle a fini par avoir neuf garçons. Elle aimait tous ses fils, mais souffrait de l'absence d'une petite fille.

Son mari, un brave homme, voyageait beaucoup pour entretenir sa famille. Il connaissait son désir ardent, mais ne pouvait rien faire pour la satisfaire. Avoir une fille relevait de la providence. Mais la femme ne se découragea pas. Elle tomba enceinte une énième fois et prit une décision : « Ce sera peut-

---

1. Ngambadj : Nom d'une chienne.
2. *Léebóon! Lipóon* est une formule d'ouverture du conte wolof.

être encore un garçon, mais cette fois-ci, j'en ferai une fille. J'annoncerai même à son papa que c'est une fille. »

L'enfant naît en bonne santé, mais en l'absence de son papa. La maman voit sans surprise que c'était un garçon. Elle mit son plan en marche en annonçant à tous qu'elle avait une fille qu'elle appela Binta.

Sa famille et ses proches étaient heureux de la nouvelle, car ils savaient tous qu'elle désirait avoir une fille depuis longtemps.

Maman et son bébé reçurent beaucoup de cadeaux. Avec les beaux habits de fille reçus des autres mamans, elle transforma son bébé en une jolie fille. Elle perça ses oreilles et lui mit de petites boucles d'oreille en or.

Elle le langeait tout le temps afin qu'on ne vît pas le sexe. Ainsi, personne ne découvrit la supercherie jusqu'à ce que Binta devienne une jeune jolie fille.

Elle était très proche de sa maman et ne sortait jamais sans elle. Ainsi leur secret était bien gardé. Sa maman, très fière d'elle, lui cherchait un gendre beau et fortuné.

Binta était très belle et méritait une vie de princesse.

Les demandes en mariage se succédaient, mais sa maman trouvait toujours le moyen de les rejeter. Elle rêvait d'un mariage faste pour sa belle cadette. Ainsi elle n'accorderait pas sa main à un pauvre.

De ce fait, tous ceux qui prétendaient à sa main furent éconduits. La légende de la beauté de Binta parvint aux oreilles d'un Prince. Ce dernier était curieux de voir cette Binta dont il a entendu parler de la beauté, cette fille qui refusait la main de ses prétendants.

Le Prince décida d'aller la voir. Très confiant, il se dit qu'aucune fille n'oserait l'éconduire. Il est le fils d'un roi, en plus d'être jeune et fortuné. Il se mit en route, accompagné de ses amis dans des voitures rutilantes. Ils rivalisèrent d'élégance dans leur fière allure. Après quelques heures de route, ils arrivèrent enfin chez Binta.

La maman, très contente, les reçut avec égard. Sa fille, belle et bien parée, éblouissait ses visiteurs. Elle était gracieuse et le Prince en tomba amoureux.

Son papa, devenu vieux dit « oui » au Prince qui lui demandait la main de sa fille.

Binta aimait son Prince. Elle était contente de voir sa mère heureuse. Celle-ci avait tout fait pour elle depuis son jeune âge, elle n'avait manqué de rien.

La maman s'adressa au Prince :

— Ma fille Binta est une fille unique. Je l'aime plus que tout, elle est ma vie. J'ai dix enfants, les neuf sont des garçons. Je les aime tous ! Mais elle, elle est ma fille cadette bien-aimée ! J'ai un vœu mon cher gendre. Quand je serai vieille, je vivrai chez elle, car ce sont les filles cadettes qui s'occupent de leurs vieilles mamans. Ce sont nos traditions.

Le Prince était soulagé, ce vœu était très facile à réaliser. Il rassura sa belle-maman :

— Je rendrai heureuse ta fille maman ! Ne te fais aucun souci. J'aime votre fille cadette et elle sera traitée comme une princesse. Ce qu'elle est déjà en m'épousant. Tu vivras avec nous quand tu le voudras, vieille ou pas. Même son papa, s'il le veut, peut vivre avec nous. Vous êtes désormais mes parents.

Il continua devant le visage radieux de la maman :

— Je lui offre comme cadeaux de mariage une grande et belle maison, des bijoux et trois voitures de son choix. Je vous aiderai à construire votre maison. Pour l'amour de votre fille, vous ne manquerez plus de rien.

La maman était comblée, mais un peu triste néanmoins. Elle était triste, car Binta allait partir avec son mari.

Après la célébration du mariage, elle se sentirait seule. Mais elle oublia sa tristesse lorsqu'elle vit sa fille dans sa belle robe de mariée.

La fête était grandiose. Tout se déroula comme la maman l'avait voulu avec beaucoup d'invités, beaucoup de nourritures et de fastes. Dans cette contrée, on parlerait encore longtemps du mariage de Binta.

C'était maintenant l'heure pour la nouvelle mariée de rejoindre son domicile conjugal. Elle se retira dans sa chambre et pleura.

Sa maman éclata aussi en sanglots :

– Oh ma fille ! Notre secret sera bientôt découvert. Je t'ai éduquée comme une fille. Tu es belle et attirante, mais je n'ai pu changer ton sexe.

Binta, désespérée cria :

– Maman, tu m'as trompée. Tu as trompé mon papa, mes frères, ma famille et maintenant la justice. J'ai peur d'être découverte. Mon mari saura demain ou après-demain que je suis un homme et il me tuera !

Sa maman pleura beaucoup et avoua :

– J'ai préparé un *sombi*[3] que je ne pourrai pas boire. Je voulais ardemment une fille à l'époque et je n'avais pas réfléchi aux conséquences de mon mensonge. Aujourd'hui, je suis responsable de ta souffrance.

Elles se prirent dans les bras.

Binta dit adieu à sa maman :

– Je sais que je mourrais bientôt. Tu as voulu mon bonheur maman. Maintenant, laisse-moi affronter mon destin. Mon mari m'attend. Il est temps de partir. Adieu, nous ne nous reverrons plus jamais.

Au moment de franchir la porte de sa chambre, un chien s'approcha d'elle, renifla ses habits et lui dit :

– Je veux vous aider, je m'appelle Ngambadj.

____

3. Un *sombi* : plat qui se prépare facilement à partir d'une bouillie de riz mélangée à du lait caillé. On peut le considérer comme une métaphore. L'expression signifie au figuré « poser un acte qu'on ne peut pas assumer ».

Qu'est-ce qui vous inquiète tant ? Dites-moi tout ! J'ai mangé de bonnes choses chez vous. Je suis prêt à vous aider.

La maman lui raconta son malheur :

– Il s'agit de mon enfant là. Quand il est né, j'avais déjà neuf garçons. Il naît, c'est encore un garçon. J'ai dit que c'est une fille et l'ai éduquée comme une fille. Elle a eu sa chambre à part et personne n'a su, même pas son papa. C'était notre secret. Elle vient d'épouser un Prince et doit partir en noces. Nous avons peur de sa réaction s'il découvre la vérité. Voilà pourquoi nous pleurons.

Le chien lui répondit après l'avoir attentivement écoutée:

— Je connais Binta, elle m'a toujours bien traitée. Je vais donc l'aider en la transformant réellement en fille.

— Oh! Que dis-tu ? S'écria la maman qui peinait à le croire.

— Oui je peux le faire. C'est moi Ngambadj ! J'en suis bien capable ! J'ai ce qu'il faut. Mais je ne le lui donnerai qu'à une seule condition !

— Laquelle ? Demande-moi toutes les richesses que tu désires ! Je te donnerai tout, tout ce que tu voudras !

Il troqua aussitôt son attribut féminin et le donna à la mariée. Elle devint femme réellement. La chienne prit alors l'organe masculin.

— Voilà, je l'ai fait ! Binta peut rejoindre son mari. Je serai à ses côtés tous les jours. Quand elle va entrer dans sa chambre, je resterai devant la porte. Lorsqu'elle ira se coucher, je veillerai sur elle. Quand on aura fini de rincer le riz, que l'on me donne l'eau à boire ! Quand on aura fini de manger la viande, que l'on me donne les os à curer ! Je ne déteste qu'une seule chose : d'être battu ou d'être humilié. Voici mes conditions pour vivre chez elle.

Binta le remercia chaleureusement. Elle se sentait pleinement femme et promit des merveilles à son sauveur.

— Tout ce que tu désires sur terre, je te le donnerai. Même mes trois véhicules et mes bijoux. Tu m'as sauvé la vie. Tu mangeras de la bonne viande et boiras de l'eau pure.

Le problème fut donc réglé et Binta présenta son chien au Prince. Ce dernier était content à l'idée de l'avoir chez lui. Il accompagnerait la nouvelle mariée comme promis. Un long cortège de véhicules suivait celui de la nouvelle mariée.

Ngambadj avait refusé de monter dans la voiture de Binta, malgré l'insistance de celle-ci. Il voulait plutôt suivre la voiture. Ainsi, le chien la suivit en courant. Binta demanda au chauffeur de rouler moins vite, car son animal protecteur courait derrière eux.

Le chien courait, haletant, haletant, aboyant souvent derrière les véhicules. Le cortège arriva enfin chez le Prince. C'était une demeure imposante avec plusieurs étages. Le chien arriva à son tour. Il avait instinctivement mémorisé le trajet.

La nouvelle mariée descendit et on lui fit les usages. Il fallait s'asseoir sur une natte, un van rempli de graines sur la tête. Puis le van descendu, la jeune mariée y plongerait ses deux mains, paumes ouvertes afin de répandre les graines sur la natte dans un geste plusieurs fois répété avant d'entrer dans sa chambre où l'attendait le mets sacré. Un rituel, symbole de prospérité.

Elle appela Ngambadj, demanda aux femmes de le servir en leur rappelant qu'il était son ange gardien. Il eut aussitôt son plat fumant. Il ne manqua de rien.

Le lendemain, le Prince donna une grande réception. Il était heureux, son épouse l'avait honoré. On appela les griots avec leur tam-tam. Il couvrit encore sa femme de cadeaux et offrit beaucoup d'argent aux chanteurs et aux danseurs. Tout le monde était content. La fête dura toute la nuit.

Le lendemain, les accompagnateurs décidèrent de rentrer. Tout le monde rentra sauf Ngambadj qui veillait sur Binta. Quand celle-ci se couchait, il se couchait devant sa porte comme il le lui avait promis.

Quelques mois plus tard, les amis du Prince annoncèrent leur visite. Ce sont des amis proches qui veulent se retrouver un week-end chez le prince pour mieux connaître son épouse. Ils ne se sont pas revus depuis le mariage.

Le Prince était heureux de les revoir. Leur visite permettrait à la Princesse Binta de reconnaître les amis de son époux. Cette dernière en profita elle aussi pour inviter ses amies.

Les préparatifs commencèrent. Du beau monde sera réuni. Le couple acheta tout ce que l'on peut imaginer. Binta mit ses habits de fête. Elle était splendide aux côtés de son beau Prince.

Ils formaient un beau couple fascinant.

Le Prince était cependant gêné de la présence du chien. Ce dernier incommodait certains invités qui ne comprenaient pas sa présence dans la salle de fête.

Binta était aussi dérangée par le regard de ses amies depuis le début, mais n'osait chasser le chien.

Quand l'animal s'approcha d'elle, elle le tança sévèrement:

– Toi aussi Ngambadj ! Va là-bas ! Sors de la salle ! Tu incommodes mes invités. Le chien ignore vraiment son statut. Éloigne-toi d'ici avant que je ne me fâche !

Ngambadj resta sur place. Il fixa Binta un moment puis se recoucha.

Le Prince prit une cravache et le frappa :

« *thirib ! thirib ! thirib !* »

Binta lui dit de le frapper plus fort.

– Frappe-le Chéri. Ce chien ignore son statut. Je lui avais demandé de rester dans l'arrière-cour tant que nos invités étaient dans la maison, mais il est trop envahissant.

Le chien avait faim, personne ne l'avait nourri. Malgré tout, le gardien le sortit de la maison. Pendant que tous préparaient la fête, il était battu et humilié. Déçu, il entra dans une grande colère.

Le dimanche après-midi, tous les invités rentrèrent, satisfaits. Le couple était content de la réussite de la fête. Ils se promirent d'en organiser d'autres.

Par ailleurs, Ngambaj était toujours en colère. Il faisait le tour de la ville jusqu'au soir. Malheureux et mal en point, il ne comprenait pas la réaction de Binta. Cette dernière prit son bain et s'apprêta à se coucher. Au même moment, Ngambaj reprit son attribut féminin et lui restitua son organe masculin.

Elle cria :

– Ehhhhhhh ! Qui es-tu ? Ngambadj ?

– Oui.

– Que fais-tu Ngambaj ?

Le chien lui expliqua son ressenti:

– Je t'avais prévenue. Je t'avais dit pourtant que je ne supportais ni d'être battu ni d'être humilié. C'est ce que ton mari et toi m'avez fait devant vos amis. Vous aviez promis de me donner à manger et à boire, mais vous m'avez laissé le ventre vide durant trois jours. Moi, je t'ai honorée devant les tiens. Toi, tu m'as déshonoré devant les Princes. Je te remets donc tes choses et je repars!

– Nooon ! Nooon ! S'écria-t-elle. Ngambadj viens ! Ngambadj viens toi aussi ! Ngambadj viens ! Ngambadj je te ferai plus de mal ! *Ngambadj kaay kaay kaay ! Ay Ngambaj kaay !*

Elle chanta pour lui :

– Ngambadj voici la sauce ! Voici le riz préparé ! Ton lit nickel[4] est là ! Ngambadj viens ! Viens ! Viens ici ! Je ne recommencerai plus jamais.

––––––––––––––

4. Le nickel est importé, c'est un signe de richesse du Prince.

Le chien refusa fermement.

Binta appela son mari. Elle ne pouvait pas tout lui expliquer, mais lui fit comprendre que le chien voulait la quitter et que s'il partait, ce serait la catastrophe. Ce chien était son totem.

Le Prince supplia le chien.

— Ngambaj viens, viens allons ! Ngambaj voici la voiture! Ngambaj voici le pâté ! Allons Ngambadj ! Voici les bœufs !!!

Toute la maisonnée suivit le chien, le suppliant de rester. Un griot du Prince prit même un tam-tam[5] d'aisselle.

— Ngambadj *kaay* ! Ngambadj viens ! *Ndong ndong ndong!*

Le chien en avait assez. Il se retourna et dit :

— Ngambadj ne suivra plus personne. Il a été battu, humilié et affamé. Il ne reviendra pas.

Binta la suivit en pleurant.

— Ngambadj pardonne-moi ! Ngambadj reviens s'il te plait ! Je ne recommencerai plus jamais !

Le chien lui rétorqua :

— Tu as manqué à ta parole, Binta. Quand tu étais inquiète chez ta maman, c'est moi qui t'avais sauvée et une fois rassurée, bien installée. Tu as tout oublié me rappelant même mon statut de chien. Donc, je

---

5. « Tama » petit tam-tam qu'on accroche à l'épaule par une lanière qui passe sous l'aisselle d'où son nom. Il a une puissance de résonnance particulière.

reprends fièrement mon statut.

Il sortit et commença à courir.

Il connaissait bien le chemin du retour

Les gens le poursuivirent avec les voitures.

Ils criaient :

– Viens Ngambadj ! Hé Ngambadj *kaay*! Veux-tu un os ? Alors, viens !

Ngambadj partit malgré tout ! Ses poursuivants rentrèrent à la maison. Le Prince essaya tant bien que mal de consoler sa femme:

— Ne t'en fais pas chérie, il reviendra bientôt. Il veut juste te montrer sa colère.

Cette nuit-là, Binta ne trouva pas le sommeil, elle sursautait quand son mari se couchait près d'elle.

Ce dernier très surpris voulut savoir ce qui l'effrayait autant. En enlevant le drap, tôt le matin, il vit avec horreur son organe masculin.

Son cri réveilla Binta.

— Mon Dieu ! Qui es-tu ? Devant ça, je suis impuissant. Qu'est-ce que je peux bien faire ? Pourquoi m'as-tu fait ça ?

Binta, entre pleurs et hoquets, expliqua à son mari l'histoire secrète de sa maman. Une femme, qui après avoir eu neuf garçons, voulut avoir, contre vents et marées, une fille.

Le Prince aimait sa femme, mais ne supportait pas la situation. Son dépit était le plus fort. Il s'est senti trahi, moqué par cette famille à qui il a tout donné. Ainsi prit-il la résolution de la répudier.

— Je vais te ramener chez tes parents. Tu peux garder tous les biens que je t'ai offerts. Tu es belle et bien éduquée. Mais tu m'as trompé.

Binta gardait le silence et continuait à pleurer. Elle aimait son mari, mais comprenait aussi sa déception.

C'est un vrai coup du sort qui s'abattait sur eux.

La maman de Binta présenta ses excuses à son gendre. Elle reconnut que tout était de sa faute. Elle a gâché la vie de son enfant pour satisfaire un caprice.

Binta reprit sa vie d'avant et assistait son vieux papa malade.

Tous les gens connaissaient maintenant son histoire. Ce qui enleva un grand poids à sa conscience, mais elle souffrait. Elle savait qu'elle était un homme, mais s'était comportée en femme depuis sa naissance et c'était très perturbant.

Sa maman regrettait beaucoup son coup de folie.

La vie reprit cependant son cours. Un an passa et les gens oublièrent l'histoire étrange de Binta.

Fi la lèeb tabbe gèej. Ku ka ñëkë fõon dem Aldiana[6].

---

6. C'est ici que le conte s'est jeté à la mer et le premier qui le sentira ira au paradis.

Que la grâce de l'insecte soit avec toi

Léebóon! Lipóon[1]

Il était une fois un colporteur qui allait de village en village pour acheter ou vendre divers objets.

Il avait trois épouses et ils vivaient tous ensemble avec leurs enfants. Le mari les associait à son commerce et elles gagnaient de l'argent grâce aux bénéfices tirés du troc.

Sa troisième épouse, nouvellement mariée, était pauvre. Elle était issue d'un milieu très infortuné, tandis que la première et la deuxième épouse possédaient quelques biens.

Un jour, leur mari les appela et leur dit :

— Je me prépare à partir faire mon troc durant quelques jours, voire un mois, le temps d'acheter et de vendre des objets divers. Si vous me donnez un viatique, chacune pourrait en tirer un petit profit.

Chacune entra dans sa chambre pour chercher un viatique.

____

1. *Léboon lipoon* est une formule d'ouverture du conte wolof.

Alors la première épouse pénétra dans sa chambre, en sortit quelques minutes plus tard et remit de l'argent à son mari.

La deuxième femme pénétra dans sa chambre, en sortit aussitôt et lui donna de l'argent. Chacune d'elle lui remit donc de l'argent qui va servir à acheter là-bas quelque chose dont elles pourraient tirer profit.

La plus jeune n'avait rien. Ses deux coépouses la supportaient à peine. Ainsi, elles se regardèrent toutes les deux et étaient contentes de la voir dépourvue de bien.

« Celle-là n'aura rien à donner. Il est certain qu'elle n'a pas de viatique » pensa la deuxième.

La jeune femme était maintenant très embarrassée. Elle pénétra dans sa chambre, fouilla des yeux, ouvrit sa malle, regarda partout, mais ne trouva rien qu'elle puisse remettre à son mari.

Au moment où elle désespérait, elle vit alors un insecte qui se déplaçait.

Elle dit :

– Ah ! Ça c'est un insecte. Je vais le ramasser pour le donner à mon mari en guise de viatique, car chacune de mes coépouses, a été dans sa chambre, en est ressortie et a remis quelque chose. Je n'ai rien que je puisse donner si ce n'est cet insecte. Alors je vais le confier à mon mari pour qu'il l'emmène en guise de provision pour moi.

Alors elle sortit un morceau d'étoffe, en couvrit

l'insecte et le remit furtivement à son mari. Les autres femmes, n'ayant pas vu le geste, crurent qu'elle n'avait rien donné et riaient derrière son dos.

Enfin, le mari partit avec sa nombreuse charge. Il s'éloigna, marchait de village en village et faisait son troc. Il vendait et achetait des objets qu'il pouvait revendre à un meilleur prix.

Il arriva le soir dans un autre village et décida d'y faire une halte. On lui offrit l'hospitalité et il s'assit confortablement. Il pensa à ses épouses et sortit de son sac leurs viatiques. Il recompta l'argent remis par la première, recompta l'argent remis par la deuxième. Il regarda, regarda, regarda encore ce que la troisième lui a remis.

Il n'avait pas eu le temps de le voir :

– Qu'est-ce que c'est ?

Il se mit à défaire le morceau d'étoffe lorsqu'un petit insecte en tomba. Il y avait un coq de la maison qui becquetait, il saisit l'insecte et l'avala. Alors se redressa aussitôt le troqueur qui dit à son propriétaire :

– Ah ! Je suis très embarrassé parce que lorsque je m'apprêtais à partir, mes épouses m'avaient remis, chacune, des viatiques. À mon retour, je voudrai dire à chacune : Voici ton dû ! De ce que tu m'avais donné, voilà ce que j'en ai tiré. Ma plus jeune femme m'avait donné un insecte et ton coq l'a mangé. Ah ! Que dois-je faire maintenant ?

Le propriétaire était perplexe. Il n'avait jamais entendu une histoire pareille. C'était autant bizarre que sincère.

Il lui répondit enfin :

– Ah ! Puisque cela s'est passé ainsi et que tu ne sais quoi faire, prends le gallinacé et emmène-le !

Il remercia et prit le coq. Sa jeune femme avait déjà un coq qu'il pourrait vendre, et du prix tiré de la vente, acheter un tissu et le revendre, jusqu'à ce que cette dernière obtienne un fonds de commerce.

Il partit, marcha longtemps et bifurqua dans un autre village. C'était le soir, il demanda l'hospitalité pour dormir. Ce qui lui fut accordé sans problème. Il posa le coq à côté de lui et s'étendit sur une natte.

Il somnola, somnola puis s'endormit. Alors qu'il dormait profondément sur la natte, il fut brusquement réveillé par le caquètement de son coq.

Dans la maison vivait un chat extraordinaire. Ce dernier s'était jeté sur le gallinacé et lui avait coupé la tête. Il mourut aussitôt. Surpris et inquiet, le bonhomme parla tout seul.

– Ah, je suis bien embarrassé ! Le chat a mangé mon coq. C'était un insecte quand je quittais ma maison. J'avais demandé à mes épouses de me donner chacune un viatique. Ma jeune épouse n'ayant pas grand-chose à me donner m'a ainsi remis un insecte. Alors que je me reposais dans le village voisin, un peu avant la tombée de la nuit, le coq saisit l'insecte et le mangea. Son propriétaire m'a demandé de prendre le coq. Fatigué, je me suis endormi ici sur la natte. Et ce chat a tué mon coq, celui qui revient à mon épouse. Comment vais-je faire maintenant ?

Le chef de famille, alerté par son monologue, lui proposa de prendre le chat parce qu'il n'avait pas de coq à lui rendre.

Il accepta, car il tenait à montrer à sa jeune épouse ce que son insecte avait pu lui apporter.

Il reprit la marche tôt le matin et arriva dans un autre village.

Les gens sortirent voir sa marchandise. Le troc fut fructueux pour le colporteur.

On lui offrit l'hospitalité. Les enfants aimaient bien son chat.

Ils lui offrirent du poisson et du lait, mais le chat n'y toucha pas.

Il avait déjà attrapé un petit serpent au grand bonheur des habitants. Parfois, les reptiles rôdent aux alentours et font des dégâts. Donc ce chat était une providence, pensaient les habitants...

Son propriétaire devrait leur laisser son chat extraordinaire afin qu'il les débarrasse des petits serpents qui pénétraient dans leur espace.

En quelques heures, le chat magique en avait tué cinq. Les habitants supplièrent le troqueur de leur laisser le chat. Les serpents constituaient un réel danger pour leurs jeunes enfants, d'ailleurs, un des leurs, Guédé, a perdu son fils de quatre ans qui jouait innocemment près d'un trou de serpent.

C'était la première fois qu'ils entrevoyaient une solution, mais l'homme refusa et leur expliqua :

– Ce chat ne m'appartient pas. Quand je quittais ma maison pour chercher fortune, chacune de mes épouses m'a remis une provision. Alors ma jeune épouse qui n'avait rien à me remettre, m'a donné un insecte en guise de provision. Un coq l'a saisi et avalé. C'était hier lorsque je faisais une halte dans un autre village. Alors son propriétaire m'a remis le coq pour remplacer l'insecte et hier soir, ce chat tua mon coq. Ainsi, on me remit ce chat. Il est désormais le bien de ma femme. Je ne peux le laisser nulle part, à mon retour, je lui dirais : voici ton profit !

Ils décidèrent de le dédommager.

– Ah ! Dans ce cas, nous te remettrons un bien de ton choix, mais il nous faut ce chat hors du commun. Maintenant, à toi de nous dire ce que tu désires : Soit du bétail, soit du matériel, mais tu nous le laisses ici.

Le chef de village demanda à chaque famille de faire un petit geste au profit du troqueur. Chaque famille s'exécuta. Certains donnèrent des moutons et des chèvres, d'autres, des poulets et des graines.

On lui remit tant de choses qu'il en fut lui-même surpris:

– C'est beaucoup trop ! Je ne vous en demande pas tant ! Votre générosité me dépasse. Vos cadeaux sont tellement abondants ! Je pense que mes pérégrinations s'arrêtent ici pour aujourd'hui. Je ne pourrais même pas transporter tous ces biens. Ma famille vous sera très reconnaissante.

Un paysan lui prêta son cheval et sa charrette afin qu'il puisse acheminer sa lourde charge chez lui.

Il arriva enfin chez lui. Ses épouses étaient agréablement surprises de le voir revenir au bout de deux jours seulement.

Les deux complices se mirent à jubiler, à exprimer leur joie en se tapant les mains. Elles avaient remis de l'argent à leur époux et croyaient naturellement que tous les biens sur la charrette constituaient leurs bénéfices.

Elles jubilaient tandis que la troisième restait en retrait. Celle-ci avait même peur que ses rivales découvrent qu'elle n'avait donné qu'un insecte comme provision.

La première vint à la rencontre de son mari, lui souhaita la bienvenue et lui donna à boire.

Les enfants sautèrent de joie et enlacèrent leur papa.

Après les salutations et les effusions, c'était maintenant l'heure du décompte.

La première reçut une belle somme d'argent. Elle remercia, contente du fruit de son investissement.

La deuxième épouse reçut aussi avec bonheur sa liasse.

La troisième ne se leva même pas, elle n'espérait rien du tout.

Mais son mari l'appela :

— Viens ma chérie ! Approche-toi ! Qu'est-ce que tu m'avais remis ? N'est-ce pas un insecte ? Regarde : C'est ton insecte-là qui est à l'origine de tout ce que transporte ce cheval. Ce minuscule insecte a engendré tous ces biens qui te reviennent de droit.

La jeune femme écarquilla ses yeux. Elle ne comprenait pas. Comment un insecte pouvait-il engendrer moutons, chèvres, poulets, sacs de mil ?

Les deux femmes étaient abasourdies. Elles participaient depuis longtemps au commerce de leur mari, mais n'avaient jamais autant gagné que la dernière venue. Et le comble était d'apprendre que leur rivale n'avait donné qu'un minable insecte ! Elles soupçonnaient un parti pris.

La première, très fâchée, ouvrit les hostilités :

– Notre mari fait du parti pris pour sa jolie ! Nous sommes vieilles, mais pas folles ! Comment un vulgaire insecte peut-il engendrer tous ces biens ? Avoue que tu fais du parti pris. Vous, les polygames, vous êtes tous pareils !

– Mais bien sûr! C'est du parti pris! La plus jeune occupe son cœur! Renchérit la deuxième épouse, très en colère.

Le mari, avec calme, s'expliqua enfin :

– Écoutez-moi attentivement. Avant de clore la bouche du pâtre, il faut reconnaître l'air qu'il siffle. Je suis choqué par vos accusations, mais je vais vous expliquer quand même ce qui s'est passé.

Il raconta avec force détails son aventure, comment l'insecte a été mangé par un coq et ce dernier par le chat et enfin sa récompense grâce au chat qui a tué les serpents.

Il fut coupé par sa deuxième femme.

– Non! Ton récit n'est pas crédible, si tu veux la

paix dans cette maison, tu partageras équitablement ces biens!

Il réfléchit quelques minutes et leur fit une proposition :

— Savez-vous ce que je vais faire ? Que chacune convoque son frère ou son oncle ! Appelez vos témoins et je refais le trajet avec eux. Nous passerons dans les différents villages et prendrons les habitants à témoin. Vos parents sauront si mon histoire est inventée de toutes pièces ou si je dis la vérité ! J'en profiterai pour rendre ce cheval à son propriétaire.

Alors, chacune appela son témoin, car chacune voulait tirer cette affaire au clair. Même la plus jeune, malgré son mutisme, demeurait sceptique.

Les hommes arrivèrent au premier endroit où le troqueur s'était arrêté pour vendre et acheter, le lieu où il a perdu l'insecte. Il salua un groupe de gens:

— Bonjour tout le monde !

— Eh ! Voici le propriétaire de l'insecte ! L'homme dont l'insecte avait été mangé par le coq! Bonjour ! Répondit un jeune garçon qui avait tout vu ce jour-là.

L'homme se tourna vers ses compagnons:

— Vous avez bien entendu ? Il m'a vite reconnu. Il a bien dit « l'homme dont l'insecte avait été mangé par le coq ». Voilà ! Continuons notre chemin.

Ils saluèrent et repartirent.

Au deuxième village où il avait passé la nuit, les

habitants le reconnurent aussitôt :

– Tiens ! Tiens ! Voilà le propriétaire du coq! Le fameux coq dévoré par notre chat !

Il prit à nouveau ses beaux-frères à témoin :

– Hum... Vous avez bien entendu ? Je n'ai même pas ouvert la bouche. Vous l'avez bien entendu dire « le propriétaire du coq, le fameux coq dévoré par notre chat ». C'est clair que je ne mentais pas, mais continuons notre chemin jusqu'au bout !

La troisième étape les mena dans un village assez éloigné.

Le troqueur se dirigea vers le chef assis sur la place publique. Il était suivi de gens qui l'avaient reconnu. Ces derniers avaient peur qu'il revienne sur sa parole.

Le chef les salua chaleureusement :

– Bienvenue au troqueur ! Bienvenue à tes amis! J'espère que tu n'es pas revenu pour reprendre ton chat. Ce chat nous débarrasse tous les jours des serpents. Si tu veux, nous te donnerons encore plus de biens, mais laisse-le avec nous.

L'homme était heureux d'entendre cela, mais il n'était pas revenu pour profiter de leur bonté. Il s'adressa aux témoins de ses épouses :

– Vous avez entendu et vu de vos propres yeux ! Je n'ai rien inventé, ce sont ces femmes et ces hommes généreux qui m'ont offert du bétail, des poulets et des graines. Et force est de reconnaître que c'est grâce à l'insecte.

Le témoin de la première épouse acquiesça:

– Oui mon frère, tu as dit la vérité. Il faut dire que ton récit était trop bizarre, mais ce que nous avons vécu en ta compagnie est magnifique ! Tu es un homme juste et honnête. Pardonne à nos sœurs et rentrons. Nous allons leur parler.

Tout le monde avait compris maintenant. La paix revint dans le foyer du commerçant. Les trois témoins ont confirmé sa version étonnante et les deux complices se sont excusées.

Il félicita sa jeune épouse devant tous :

– C'est la grâce de l'insecte qui est sur toi! Dieu récompense les personnes sincères et généreuses. Tu ne disposais de rien, mais ton intention sincère et ton cœur pur ont été récompensés. Partage avec tes sœurs si tu le veux, mais reste toujours sincère et humble!

Fi la lèeb tabbe gèej. Ku ka ñëkë fòon dem Aldiana[2].

---

2. C'est ici que le conte s'est jeté à la mer et le premier qui le sentira ira au paradis.

Un homme banni pour son intelligence

Léebóon! Lipóon[1]

Un garçon très intelligent disait à tout le monde qu'il n'épouserait qu'une femme intelligente puisqu'il était réputé être connaisseur et subtil.

Ses parents et amis lui avaient présenté beaucoup de filles, mais aucune ne convenait à mon goût. Il les trouvait trop timides et un peu niaises.

Son papa fut agacé de l'entendre parler d'intelligence. Pour lui, une femme doit d'abord savoir cuisiner, s'occuper de son mari et de ses enfants. Que chercher d'autre ? se demandait-il. Ils se sont disputés plusieurs fois sur le sujet et le jeune homme restait sur sa position. Excédé, son pater lui demanda de quitter son domicile. Il en avait assez.

Tous les hommes de l'âge de son fils s'étaient mariés et avaient même des enfants. Cette situation les faisait souffrir, lui et son épouse, car leur fils était leur seul enfant. Comme tous leurs proches, ils désiraient aussi avoir de petits-enfants.

Ainsi le jeune homme quitta sa maison. Sa

1. *Léboon lipoon* est une formule d'ouverture du conte wolof.

maman avait les larmes aux yeux. Elle ne put que le bénir. Sur son cheval, le jeune homme prit un long chemin.

Dans une autre région, une jeune fille nommée Moussou faisait aussi parler d'elle. Elle était volontaire et très futée.

Ses parents souffraient de son long célibat. C'était presque une honte de la voir sans mari dans une société régie par les us et coutumes. Moussou éconduisait successivement ses prétendants.

Son père lui avait présenté des hommes jeunes, beaux ou assez fortunés, mais sa réponse ne variait pas. C'était toujours « Non ! Il n'est pas à mon goût ».

Sa maman en souffrait plus que son papa. Elle a tout essayé, mais sa fille restait sur sa position. Cette dernière voulait un homme qui sera sa vraie moitié.

C'est pourquoi notre jeune homme banni pour son choix décida de lui rendre visite. Il avait entendu parler d'elle lors de ses pérégrinations et se disait qu'il était temps d'aller voir Moussou. Son caractère lui plaisait énormément. Il arriva enfin chez elle et salua depuis l'entrée :

— Avez-vous la paix ?

— La paix seulement. Soyez le bienvenu ! Entrez. Répondit le père de famille.

Il appela sa fille et lui demanda d'apporter de l'eau au visiteur. Moussou s'exécuta. Ils se saluèrent rapidement. Le vieux continuait les salamalecs avec le jeune homme.

— Comment t'appelles-tu ?

— Je m'appelle onze jours

— Où habites-tu ?

— En haut

— Quel est ton nom de famille ?

— En bas

Le vieux, surpris et perdu, lui dit :

— Bien, je te laisse discuter avec ma fille. Entre jeunes, vous usez d'un langage souvent étrange que les anciens ne comprennent pas.

Moussou lui donna à boire et engagea la conversation.

— Tu dis t'appeler comment ?

Il lui répondit :

— Je m'appelle onze jours

— Hum ! Et où habites-tu ?

— En haut.

— Quel est ton nom de famille ?

— En bas

Moussou n'était pas aussi perdue que son père. Elle trouva ses parents dans leur chambre.

— Papa, je n'ai jamais vu un homme pareil !

— Oui, je viens de dire la même chose à ta maman.

Qu'est-ce qu'il a dit ?

– Il dit que son prénom est Gamou[2], son nom Kane[3], qu'il habite à Taggar[4].

____

2. Gamou : c'est le 11e jour du mois qui marque la naissance du Prophète Mohammed (PSL)

3. Kane : nom de famille très répandu au Sénégal, mais qui peut signifier dans la langue wolof un trou creusé dans le sable (*suuf*).

4 Taggar : l'adresse du jeune homme reprend métaphoriquement une habitation située en hauteur (par exemple, une zone montagneuse) d'où le radical *Taag* : le nid d'un oiseau.

Le vieux était très fier de la subtilité de sa fille. Entre Gamou et Coumba, c'était le coup de foudre. Une connexion extraordinaire s'opéra et le garçon demanda sa main à son papa, très ravi de la tournure des événements.

Gamou a enfin trouvé chaussure à son pied.

Le sentiment était réciproque et les parents de la jeune fille étaient aux anges.

Le mariage fut célébré dans la joie. Malgré l'absence de la famille de Gamou, il y eut beaucoup de réjouissances.

Le vieux offrit un bœuf, des moutons et beaucoup de poulets.

Quelques jours après la fête, Gamou décida de retrouver les siens. Moussou était prête à vivre à ses côtés. Après les adieux, ils partirent à Taggar.

Moussou fut bien reçue par les parents de Gamou.

Ils étaient heureux de revoir leur fils unique. Et avoir aussi une belle-fille les remplissait de joie.

Les jours passèrent dans la paix et l'entente. Moussou était une femme intelligente et agréable à vivre. Un soir, Gamou reçut une invitation de la part de ses amis. Il accepta puisqu'il s'était suffisamment reposé. Il était temps d'aller travailler avec ses amis d'enfance qui s'activent dans le commerce du bétail.

Il parla de sa décision à ses parents :

— Je vais m'absenter pour un moment et vous

confie mon épouse. Elle a besoin de votre affection, elle vit loin des siens.

– Mon fils, pars en paix ! Moussou est notre fille. Répondit sa maman.

Le groupe chercha dans de nombreux marchés hebdomadaires et acheta beaucoup de bêtes. Le troupeau était devenu important avec de belles bêtes. Les amis étaient heureux de retourner enfin chez eux, après quatre semaines d'activités. Une dernière halte avant Taggar fut décidée pour abreuver le troupeau et surtout le reposer.

Le puits était très profond et contenait peu d'eau. Il fallait donc y introduire quelqu'un à l'aide d'une corde.

Quelqu'un s'écria aussitôt :

– Gamou va descendre ! S'il n'a pas peur bien sûr !

– Je ne suis pas un poltron, tu le sais bien ! Rétorqua ce dernier, piqué au vif.

Il puisa de l'eau et ils abreuvèrent les bêtes.

Il puisa de l'eau et ils abreuvèrent les bêtes.

Il puisa encore de l'eau et ils abreuvèrent les bêtes.

Enfin toutes les bêtes avaient étanché leur soif.

Gamou attendait maintenant que ses amis le sortent du puits. Mais ces derniers coupèrent la corde d'un coup sec et ricanèrent au-dessus de lui. C'était un piège savamment ourdi par ses amis trop jaloux de son intelligence et de sa belle et savante femme.

Enfin, ils s'étaient débarrassés de cet homme qu'ils trouvaient fat et arrogant. Et cerise sur le gâteau, ils prendraient ses bêtes.

Un de ses ennemis lui lança un dernier adieu :

– Nous partons Gamou ! Utilise maintenant ton intelligence pour te sortir de là ! Ha ha ha !

Il cria du fond du puits :

– D'accord, mais je veux au moins transmettre un message à mes parents. Pensez à leur chagrin.

– Ok, ça va ! Fais vite, nous sommes pressés !

– Vous direz à mon père et à mon épouse d'aller dans mon enclos et de détacher mes deux moutons. Il s'agit du mouton noir et du mouton rouge. Qu'ils attrapent le « rouge » et qu'ils le tuent sur-le-champ. Quant au mouton noir, qu'ils le frappent ! Qu'ils le frappent… Et le frappent encore ! Au coucher du soleil, s'il n'est pas mort, qu'ils le libèrent.

– Ha ha ha ! Ricana encore plus fort son pseudo ami. Tu es vraiment intelligent ! Ha ha ha! Tu ne penses qu'aux moutons ? Adieu Gamou ! Quel sot!

Ils arrivèrent enfin à Taggar.

Tout le village sortit contempler le troupeau.

Moussou et le vieux couple ne voyaient pas Gamou.

Le groupe d'amis s'approcha d'eux et s'adressa à la famille avec un air contrit.

– Nous sommes désolés, Gamou a eu un accident !

– Quoi ? Hurla sa famille.

Sa maman se sentit très mal. Le pseudo ami de

Gamou continuait son récit :

– Gamou est mort, il est tombé dans un puits. On a fait tout ce qu'on a pu, mais il y est resté. Cependant, avant de rendre l'âme, il m'a chargé de vous dire une chose très importante. Vous devez prendre dans l'enclos son mouton rouge et son mouton noir. Que le rouge soit tué et jeté ! Que le noir soit attaché, frappé, frappé, frappé encore. Au coucher du soleil, s'il n'est pas mort, qu'on le laisse partir.

Le père, après avoir écouté les derniers vœux de son fils, se dirigea vers l'enclos afin d'accomplir sa dernière volonté.

Moussou le trouva devant l'enclos :

– Père ! Vous savez bien qu'il n'existe pas de mouton rouge ! Gamou nous a envoyé un message codé. Il n'est pas mort, il est sain et sauf. Ce sont ses amis qui l'ont perdu ! Ainsi, il nous demande de tuer l'homme au teint rouge, car c'est lui le chef des bandits, ensuite de frapper l'homme au teint noir, de le frapper longuement. Enfin, au coucher du soleil, s'il n'est pas mort, il dira l'endroit où il se trouve.

Le vieux ne perdit pas de temps, il avait confiance en elle et alerta tous les jeunes de la famille.

L'homme au teint rouge fut neutralisé et son compagnon au teint noir, battu ; battu ; battu...

Il avoua enfin :

– Gamou se trouve dans un puits profond non loin de Taggar. Notre chef a coupé la corde et nous a intimé l'ordre de nous taire. Suivez-moi, je vais vous montrer où il se trouve.

Il leur montra le puits après quelques kilomètres de marche.

Gamou était un peu faible, mais toujours vivant. Grâce à sa femme intelligente, il a échappé à une mort douloureuse. Il la remercia chaleureusement. Ses bêtes récupérées, il mit un point d'honneur à rendre aux autres leur part du bétail, car il détestait l'injustice et la malhonnêteté. Il décida de leur pardonner puisqu'ils étaient ses amis d'enfance.

Quelques mois après, pendant la saison sèche, ses amis revinrent chez lui.

Il se lavait lorsqu'il entendit leur voix.

« *Yaayooooo* ! [5] Gamou, oublions tout entre amis ! Allons chercher du bon tabac ! »

Ils ne savaient pas que Gamou avait aperçu, à partir d'une petite fissure, toutes leurs armes dissimulées sous les larges chapeaux et les grands boubous.

Il attendait ce coup depuis l'agression contre l'homme au teint rouge, il savait que ses proches chercheraient à le venger.

Devant la porte des toilettes, Gamou leur répondit :

– Ouiiii ! J'ai tout oublié moi aussi, je partirai

____

5. *Yaayoooo* : appellation amicale

avec vous. Laissez-moi le temps de sortir et de m'habiller.

Il appela son épouse qui offrait de l'eau à ses amis:

— Ma Moussou ! Va dans notre chambre. Apporte-moi ma pipe ! Remplis-la entièrement de tabac ! N'oublie surtout pas mes allumettes !

Moussou se précipita dans la chambre, prit le fusil, le remplit de balles, enleva le cran de sécurité et le remit rapidement à son mari. Ce dernier sortit et tira deux coups en l'air.

« Pan ! Pan ! » Ce fut la débandade. Les chapeaux et les chaussures volèrent dévoilant leurs armes. Ses amis détalèrent tous sans demander leur reste.

Encore une fois, Moussou sauva son mari. Gamou, très heureux, remercia et embrassa sa femme.

Le vieux était heureux de voir le bonheur de son fils. Il comprit enfin le choix courageux de Gamou.

Ses petits-enfants furent beaux et intelligents.

Fi la lèeb tabbe gèej. Ku ka ñëkë fŏon dem Aldiana[6].

---

6. C'est ici que le conte s'est jeté à la mer et le premier qui le sentira ira au paradis.

Amadou Dioulite[1] et Samba Seytané[2]

Léebóon! Lipóon[3]

Amadou Dioulite et Samba Seytané étaient deux frères, deux adolescents. L'un était très honnête, très doux et l'autre très coléreux, diabolique. Ils vivaient avec leurs parents dans un village lointain.

Leur maman était en état de grossesse avancée. La jument que possédait leur papa était aussi en gestation.

Leur papa était cependant un peu inquiet, car il devait voyager. Il serait absent durant deux mois. Ainsi, il appela ses deux fils :

– Amadou Dioulite ! Samba Seytané !

– Oui Papa !

Ils écoutaient religieusement leur géniteur.

– Mes fils ! Je vais vous confier des tâches. Je suis obligé de partir, mais il faut bien m'écouter. Votre maman aura bientôt un bébé. Quand votre frère

---

1. Dioulite : Amadou le musulman ou le sage.

2. Seytané : Satan, le diable

3. *Léboon lipoon* est une formule d'ouverture du conte wolof.

ou sœur viendra au monde, vous sacrifierez le gros bélier dans mon enclos pour le baptême. En plus, il y a beaucoup de provisions dans le grenier sans oublier la volaille. Votre maman ne devra manquer de rien jusqu'à mon retour, compris ?

— Entendu Papa ! Dirent-ils d'une seule voix.

— Ce n'est pas fini, ma jument mettra bas sous peu.

J'ai du foin pour elle dans l'écurie. Occupez-vous bien de son petit. Que la paix règne dans ma maison jusqu'à mon retour !

— Amen ! Amen !

Le lendemain, le père fit ses adieux à sa famille. Il pria beaucoup pour sa femme et son futur bébé avant de partir.

Sa femme eut un bébé une semaine plus tard.

Samba Seytané n'était pas content. Il se contenta de dire à sa maman « Ah, c'est un garçon ! ». Il se dirigea vers l'écurie, prit une botte de foin et la donna à sa maman.

— Mère, mange ça !

Sa maman, étonnée, rétorqua :

— Du foin ? Ton papa m'a tout donné : du riz, du mil, de la viande, du poulet, des fruits, mais jamais du foin ! Sers-moi du poulet ou de la viande, s'il n'y en a point, sers-moi des légumes ou de la bouillie. Je sais néanmoins que mon mari a tout prévu avant de voyager.

– Je ne te donnerai rien de tout cela, mange le foin !

– Ah ! Je pense que tu es devenu fou mon enfant! Je vais partir avec mon bébé chez ma sœur.

– Tu n'iras nulle part, mère !

Il prit sa lance et d'un coup tua sa mère.

Le bébé dans son lit cria : « *Ouin ! Ouin ! Ouin !* »[4].

Samba Seytané se pencha au-dessus de lui.

– Petit ! Lève-toi, va me chercher du feu! Je veux fumer!

Le bébé continuait à crier : « *Ouin, Ouin, Ouin !* ».

Furieux, Samba hurla une deuxième fois :

– Lève-toi et apporte-moi du feu ! Tu refuses et pleures sans arrêt !

Il prit aussitôt sa lance et tua le bébé.

---

4. *Ouin ouin* : onomatopée qui reprend les vagissements du bébé.

Le bébé et sa maman sont morts. Tous les deux ont péri. Alerté par les cris, Amadou Dioulite arriva dans la chambre de sa maman.

Il vit l'horreur de la scène et s'écria :
— Non ! Non ! Mon Dieu ! Maman ! Maman ! Samba, qu'est-ce que tu as fait au bébé ?

Il répondit avec calme :

— À notre mère, j'ai donné la botte de foin, elle a refusé de manger. Elle m'a dit que mon père ne lui a jamais donné du foin et a voulu quitter la maison pour aller chez sa sœur. Je l'ai tuée. Ensuite, le bébé couché au milieu du lit se moquait de moi. Comme j'avais envie de fumer, je l'ai envoyé me chercher du feu. Il a refusé alors je l'ai tué aussi.

Amadou Dioulite n'en croyait pas ses oreilles :

— Mon Dieu ! Tu es fou ! Tu es vraiment possédé par le démon! Notre famille est détruite, qu'allons-nous devenir maintenant ?

Samba le laissa se lamenter et se dirigea vers l'écurie. La jument venait de mettre bas. Samba tua le plus gros bélier de l'enclos, le dépeça et prépara un bon plat qu'il se dépêcha de donner à la jument. La jument le renifla et s'en détourna.

Il s'adressa au cheval :

— Quoi ? Tu es un cheval, je te donne de la viande, une sauce très succulente, tu la renifles et t'en détournes ? Toi, tu dois savoir que je te ferai quitter ce monde!

Il joint l'acte à la parole. La lance frappa à nouveau. La jument tomba.

Samba Seytané saisit son poulain, prit la selle, la posa sur lui, ce dernier s'affala !

— Ha ha ha ! Quelle mauviette ! S'esclaffa le méchant Samba.

Il ricana devant le faible poulain.

– Un pur-sang, un vrai ! Je le prépare, lui mets une selle afin de le monter pour aller chercher mon tabac, il tombe. Il se lasse à peine né.

Il l'acheva.

La mère est morte.

Son bébé est mort.

La jument est morte.

Son poulain est mort.

Tous assassinés par le satanique Samba.

Amadou Dioulite, horrifié et impuissant, constata encore les crimes de son frère maléfique.

– Samba Seytané ! Tu as détruit notre famille. Quand notre papa reviendra, il mourra de chagrin. Nous ferions mieux de nous enfuir, oui je suis aussi coupable que toi, car si je m'étais occupé de maman et de notre frère comme Papa nous l'avait recommandé, cette tragédie ne serait pas arrivée.

Ils partirent très vite laissant tout derrière eux. Une fois sortis du village, ils prirent leurs jambes à leur cou.

Ils couraient, couraient, couraient. Ils continuaient à courir pendant des heures. Ils avaient très faim et décidèrent d'aller dans un village proche pour se laver, manger et dormir.

Ils arrivèrent tard le soir chez le chef du village.

— Avez-vous la paix ?

— La paix seulement !

C'est Amadou Dioulite qui prit la parole.

— Nous sommes des voyageurs, nous voudrions un endroit pour passer la nuit.

— Avez-vous la paix ? Demanda encore, le chef du village.

— Oui, la paix seulement. Heu… Père, reprit Amadou, nous demandons l'hospitalité.

— Ici, c'est la maison de Dieu, mais quiconque enfreindra les règles sera puni ! Si vous êtes bien élevés, vous n'aurez aucun problème avec nous.

— Nous sommes bien élevés mon père, vous n'aurez pas de soucis à vous faire.

— Je l'espère bien, mais nous n'avons plus de chambre libre. Mais l'étable est propre et bien nettoyée. Vous pouvez vous y installer pour cette nuit.

Amadou Dioulite remercia le chef :

— Oui merci, ce n'est que pour une nuit.

— Bien. Mais mangez d'abord avant d'aller vous coucher.

Après avoir mangé, ils s'installèrent dans l'étable. Ils la trouvèrent propre et bien aménagée.

— Il fait froid ici, dit Samba le démon, je veux faire du feu. Allons leur demander du bois de chauffage.

Ils demandèrent à la femme du chef.

— Ma mère, nous voudrions avoir du bois. Il fait froid dans l'étable.

Elle leur donna du bois sec et de quoi faire du feu. Ils firent du feu pour se réchauffer.

Amadou Dioulite, le pauvre, très fatigué, se coucha et dormit aussitôt. Il dormit pendant longtemps, mais d'un coup violent sur l'épaule, Samba le réveilla.

— Amadou Dioulite! Amadou Dioulite! Maudit sois-tu ! Réponds-moi, ce que tu peux dormir ! Tu dors trop ! Réveille-toi !

Amadou Dioulite sursauta.

— Hein! Qu'est-ce qui se passe?

— Je te réveille parce que je me disais que les attributs virils du pur-sang du chef seraient bons pour nous réchauffer.

— Quoi? Le pur-sang du chef ? Tu dis que ses parties mâles seraient quoi ?

Au même moment, avant même qu'il ne finisse de poser des questions à Samba que ce dernier s'était déjà emparé des parties masculines du cheval. Et d'un coup vif, il les coupa et jeta tout sur le feu.

Le pur-sang fléchit sur ses pattes, tombe et meurt de douleur. Amadou Dioulite ne put, encore une fois, que constater le désastre.

— Mon Dieu ! Nous sommes cuits ! Ah ! Samba Seytané, tu as encore fait un malheur. Il vaut mieux s'enfuir. S'ils sentent seulement l'odeur, ils nous tueront.

— Si tu veux, s'il n'est pas possible de rester ! Pourtant nous pouvons passer la nuit ici. Le chef ne nous tuera pas, tout ce qu'il pourrait faire serait de nous emprisonner. Dit Samba d'un ton serein.

– Je ne veux pas le savoir. Samba! Je ne resterai pas une minute de plus. Tu as tué sauvagement ce beau cheval, mieux vaut partir avant qu'ils ne se réveillent tous. Allons-y !

Ils partirent doucement et commencèrent à courir, courir, courir…

Le village se réveilla tôt et constata le drame. Le chef, très en colère, donna l'ordre de les poursuivre.

– Je leur ai donné l'hospitalité et ils ont tué mon cheval. Attrapez-les ! Ils seront sévèrement punis !

Tous les jeunes habitants sortirent et se mirent sur leurs traces. Ils couraient, couraient et couraient encore. Ils commençaient à voir leurs traces.

Samba Seytané et Amadou Dioulite entendirent de loin leurs voix. Ils décidèrent de monter sur un tamarinier aux feuilles denses. Il faisait encore sombre, personne ne pouvait les voir. Samba avait pris le soin d'effacer leurs traces avant de monter. Bien à l'abri, ils se reposaient, se reposaient jusqu'au lendemain soir.

Leurs poursuivants arrivèrent enfin non loin de l'arbre, mais ils avaient perdu les traces des deux frères. Ils étaient fatigués et avaient faim aussi. Ainsi, ils choisirent de faire une halte sous l'arbre touffu.

Les frères ne bougeaient pas, mais entendaient

les conversations de leurs poursuivants.

« On les attrapera et on leur fera la même chose. Ce sont des traitres. Nous les jetterons au feu, le cheval sera vengé. »

Le groupe prépara le petit gibier attrapé durant la longue chasse à l'homme. Un bivouac est installé au pied de l'arbre et sur le feu, on grillait de la viande.

Voilà que la viande était bien cuite, ils prirent chacun quelques morceaux avant de s'endormir, terrassés par la fatigue.

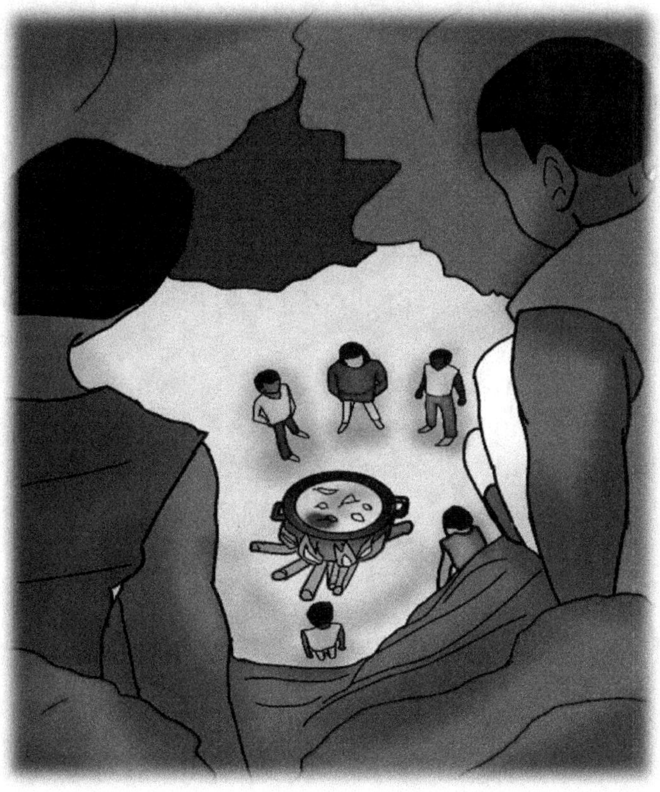

Samba Seytané dit doucement à son frère :

— Amadou Dioulite, cette viande là-bas mérite notre attention!

— Quoi? Tu es fou? Pour toucher à cette viande, nous devrons bouger. Et si nous bougeons, nous serons repérés.

— Comme tu es pénible, Amadou! Plus peureux que toi, tu meurs !

Samba passa vite à l'action, il prit une longue et fine branche de l'arbre, sortit un rouleau de fil de fer de sa sacoche et fit de ces deux objets une perche avec un bout crochu. Il le fit descendre lentement et accrocha un gros morceau de viande qu'il remonta jusqu'à lui. Il l'offrit à Amadou.

— Tiens, mange!

— Non, je ne mangerai pas.

Samba continuait à manger de plus belle.

Il mangeait encore lorsqu'Amadou Dioulite lui dit :

— Donne m'en, puisque si je mange, je mourrai. Si je ne mange pas, je mourrai aussi. Donc, mieux vaut en prendre.

Il mangea lui aussi avec appétit.

Il prit encore un morceau de viande, le fit monter.

Il rassemblait tous les os, les mettait près de lui.

Leurs poursuivants dormaient toujours.

Les frères en profitèrent pour finir toute la viande.

Samba parvint à accrocher tous les objets autour du feu. Il les accrocha les uns aux autres grâce au fil de fer. Il lâcha tout, d'un coup : « *xërënn rën-rën* »[5] en criant « *Houuuuuu Houuuuuu!* ».

Ce fut la débandade. Les jeunes détalèrent en hurlant :

« C'est le diable du tamarinier ! *Wooy* ! C'est le diable du tamarinier! »[6]

Amadou Dioulite et Samba Seytané descendirent enfin de l'arbre et reprirent la marche.

Ils marchèrent longtemps à travers la brousse et décidèrent de s'arrêter pour reprendre des forces. Ils furent vite gagnés par un sommeil très profond. C'est à ce moment qu'apparut une tortue.

Elle tenait deux cravaches : une cravache de la vie et une cravache de la mort.

Le reptile frappa Amadou Dioulite avec la cravache de la vie. Ce dernier se leva brusquement et dit :

« Au nom du Créateur ! Qu'il soit Loué ! M'étais-je endormi ou étais-je mort? Ça alors, je viens de renaître! »

La tortue allait frapper Samba, mais Amadou le stoppa:

– Non ! Sais-tu ce que tu fais ? Celui-là, il est méchant et fou, si tu le frappes, il te tuera. Il faut

5. *Xërënn rën rën* : onomatopée qui reprend le brouhaha produit par tous les objets lâchés d'un seul coup.

6. Le tamarinier représente pour les Sénégalais l'arbre qui abrite la demeure des djinns.

le laisser ici et partir puisque Dieu a permis que je sois toujours en vie après tous ses crimes. Si tu le frappes avec ta cravache de la vie, il ne te remerciera pas, il t'éliminera !

La tortue, amusée, lui répondit :

— Ha ha ! Quel drôle de type ! Je t'ai frappé avec la cravache de la vie. Te voilà bien vivant et tu refuses cela à un autre?

— Je t'aurais prévenu, réveille-le et tu le regretteras !

La tortue prit aussitôt la cravache et frappa le maléfique Samba. *Vroum*! Samba se leva brusquement.

— Ah ! Comme c'est bon de se réveiller et de tomber sur une dodue tortue ! Elle serait bonne à griller et à manger !

Il saisit aussitôt la tortue.

Amadou Dioulite intervint et le supplia de la lâcher :

— Ah Samba Seytané ! Laisse cette tortue, c'est grâce à elle que nous sommes en vie. Nous étions presque dans un semi-coma.

— Tais-toi espèce de pleutre ! Je la tuerai!

— Mais Samba, tu ne pourras même pas la manger! Il n'y a pas ici de quoi faire du feu. Donc, rends-toi au village le plus proche et cherche une marmite et du feu.

L'impitoyable Samba rétorqua :

— Je leur demanderais même du piment pour assaisonner la tortue.

Il s'en alla d'un pas décidé.

Amadou le sage cherchait à l'éloigner pour sauver la tortue.

Il dit à la tortue :

— Tu sais ce que nous allons faire ? Je ne suis pas comme lui. La preuve, il s'appelle Samba le satanique et je t'avais défendue de le réveiller. Tu ne m'as pas écouté et voici les conséquences ! Il faut vite aller de l'autre côté vers le sud. Il y a beaucoup plus d'herbes et tu te cacheras mieux.

Pendant ce temps, Samba était arrivé dans le plus proche village pour chercher du feu. Il en trouva. Sur le chemin, il rencontra la malchanceuse tortue. Il la prit et la souleva brusquement en se disant: « Tiens! Il y a beaucoup de tortues dans cette zone, je vais griller celle-ci aussi ».

Il aperçut Amadou.

— Hé Amadou ! Tu as une tortue à toi. Moi aussi, j'ai la mienne!

— Samba, il s'agit de la seule et même tortue. Je t'en prie, laisse-la partir tout de suite. C'est moi qui l'ai libérée, mais elle a malheureusement tourné en rond. Laisse-la partir !

— Tu es bête! Je ne la laisserai pas partir. Couard ! Tu as failli me priver de ma tortue. Si tu l'avais fait… !

Il lui donna aussitôt une gifle qui le fit vaciller. Le violent Samba décida de partir seul et tourna le dos à son frère.

Il marcha, marcha, marcha… marcha un bon moment puis retourna sur ses pas.

Son frère était couché sur le sol.

— Tu sais, tu es mon frère. Sinon je serais parti sans toi! Allez, lève-toi et partons ! Mais ne me refais plus ça !

Ils continuaient à marcher, encore et toujours, fuyant vers l'inconnu afin d'échapper à la justice de leur contrée. Ils arrivèrent enfin à un endroit isolé où il y avait deux routes. Ils aperçurent un vieil homme et requirent son avis.

Un vieil homme leur dit :

— Ce chemin-ci, celui qui l'emprunte se battra contre des gens dangereux. Il sera mordu, griffé ou même au pire être poignardé. Ces gens ont des lances et des couteaux bien aiguisés. Il faut avoir du cran pour les affronter. Cependant, après avoir traversé toutes ces épreuves, le vainqueur sera consacré roi et aura droit à toutes les richesses de son peuple.

L'autre chemin là-bas, celui qui l'emprunte mangera de bonnes choses, rencontrera des gens avenants, agréables. Il dormira dans des lits très douillets pendant longtemps. Mais une fois arrivé au bout, il deviendra pauvre et aveugle.

Amadou se tourna vers son frère :

— Samba, que vas-tu faire ? Je pense qu'on doit choisir la paix.

— Va là-bas! Tu me vois pauvre et aveugle ? Tu sais bien que je vais emprunter la voie du combat, de l'action ! La voie guerrière de mes ancêtres qui sont tous morts sur les champs de bataille. Je me battrai jusqu'au sang !

– Comme tu veux Samba ! Va te battre au couteau. Moi, je vais prendre le chemin de la paix !

– Je me demande si tu es mon frère ! S'indigna Samba. On va se séparer à cause de ta couardise ? À la bonne heure ! Moi je n'ai pas peur des conflits !

Ils se séparèrent…

Amadou Dioulite suivit le chemin de la paix. Il était bien reçu, partout par des personnes sympathiques qui lui disaient des choses agréables. Il se couchait dans des lits douillets. Il croquait du bon kola[7], buvait de l'eau de source. Il mangeait ce qu'il voulait jusqu'à son arrivée… Cependant, dès qu'il arriva à destination, il devint aveugle et démuni.

Samba Seytané, quant à lui, se battait, se battait, se battait. Il livrait combat jusqu'au bout, maniait bien la lance et le couteau. Ses nombreuses blessures ne l'arrêtèrent guère. Grâce à son sens du combat, il déjoua de nombreux pièges et prit le dessus sur ses nombreux adversaires.

---

7. Le kola : fruit symbolique dans la tradition africaine offert en signe d'amitié pour sceller les mariages et tout accord important dans la vie sociale.

Sa réputation le précéda sur le chemin et beaucoup d'ennemis battirent en retraite, lui laissant le chemin libre. Il mangeait à peine et dormait très peu. Son endurance et sa férocité étaient ses atouts majeurs. Il se battait et se battait encore jusqu'à son arrivée.

Enfin, il arriva à l'autre bout. Les gens le reçurent avec des hourras. Ils crièrent tous son nom, en le valorisant cette fois :

« Samba le guerrier ! Samba le guerrier !

Samba le guerrier !

Tu es courageux, fougueux et téméraire.

Tu es couronné roi à partir d'aujourd'hui !

Tu sauras défendre ton peuple ! »

Samba le guerrier fut couronné roi malgré son passé satanique, il s'installa et prit femme.

Amadou Dioulite, quant à lui, mendiait. Il mendiait sa pitance tous les jours et ne savait pas où se trouvait son frère. Il pensait même qu'il était mort sur la voie dangereuse qu'il avait empruntée, il y a quelques mois.

Un jour, un homme vint le trouver. Il eut pitié de lui. Après lui avoir donné l'aumône, il lui proposa de le guider vers l'ouest. Il y avait un roi généreux qui offrait beaucoup de présents aux mendiants.

Amadou le sage accepta de le suivre. Il n'avait plus rien à perdre, il était mal en point.

L'homme lui montra le chemin. Il arriva enfin chez le nouveau et généreux roi.

Il fut introduit dans sa cour et salua :

– Avez-vous la paix ?

– La paix seulement ! Que veux-tu ?

– Je demande la charité. Un homme m'a dit que

vous êtes un bon et généreux roi qui me donnera une charité considérable. C'est pourquoi je suis ici.

Le roi sourit et répondit :

– Oui, tu as bien fait de venir. Je te ferai beaucoup de présents. Attends-moi ici, je reviens.

Il entra dans son écurie, en sortit une botte d'aiguilles, en planta devant la porte du joli palais et aussi sur un siège près de lui. Il prit ensuite cinq lanières du tamarinier, les prépara à souhait et revint s'asseoir sur son trône.

– Hé le mendiant! Viens ici, je vais te donner la charité!

Dès qu'Amadou s'approcha, le roi lui donna des coups de lanières : « *Cimbar ! Cimbar !* »[8]

Il le frappa, le frappa encore.

Le pauvre mendiant cria désespérément.

– Au secours ! Au secours ! Il va me tuer !

Le roi lui donna encore quelques coups.

– *Wooy* ! Au secours ! Il va me tuer !

Quand la lanière se rompait, le roi reprenait une autre et continuait à le rouer de coups. Personne n'osait intervenir. Il le roua de coups jusqu'à ce qu'il rompe les cinq lanières de tamarin.

Il lui demanda enfin :

– Hé l'aveugle ! Que vois-tu ?

– Je ne vois rien.

---

8. *Cimbar* : onomatopée qui reprend le bruit sec des coups de fouet qui atteignent une cible.

« *Thiaridj ! Thiaridj*[9] *!* »

– L'aveugle ! Que vois-tu ?

– Je ne vois rien !

« *Thiaridj ! Thiaridj* ».

Les coups pleuvaient

– L'aveugle ! Que vois-tu ?

– *Ouille* ! Je vois quelque chose de blanc !

« *Thiaridj ! Thiaridj!* »

– L'aveugle ! Que vois-tu ?

– Maintenant, je vois celui qui porte un habit noir. Aie !

« *Thiaridj !* »

– L'aveugle ! Que vois-tu ?

– Je vois l'aiguille là-bas, plantée sur la porte de la maison.

« *Thiaridj !* »

– L'aveugle ! Que vois-tu ?

– Je vois l'aiguille que tu as plantée sur le siège près de toi !

« *Thiaridj !* »

– L'aveugle ! Que vois-tu ?

« *Thiaridj !* »

– L'aveugle ! Que vois-tu ?

Il dit enfin :

– Toi-même mon frère, je te vois ! Tu es Samba

---

9. *Thiaridj* : onomatopée : violence des coups.

Seytané, mon frère. Nous sommes de la même mère
et du même père.

– Voilà ! Très bien. Si tu avais commencé par-là,
tu ne serais pas battu. À force de fuir le combat,
tu as fini dans la misère. J'ai changé néanmoins, je
suis Samba tout court. Je me suis repenti et je fais le
bien autour de moi. Mais il fallait que je me rappelle
à ton souvenir. Reste avec moi, tu es mon frère.

Fi la lèeb tabbe gèej. Ku ka ñëkë fõon dem Aldiana[10].

10. C'est ici que le conte s'est jeté à la mer et le premier qui le sentira
ira au paradis

Le fils du menteur

Léebóon! Lipóon[1]

Il était une fois un jeune garçon élégant et très sûr de lui. Tout le monde l'appelait Doomu narkat[2], car son père était le menteur le plus doué de la région.

Il demanda un jour à sa mère :

— Maman, pourquoi m'appelle-t-on Doomu narkat ?

Sa mère, après beaucoup hésitation, lui répondit:

— Ton défunt père gagnait sa vie des avantages qu'il tirait de sa grande ruse. Il nous entretenait bien.

Le fils après quelques minutes de silence demanda :
— Mère ! Sais-tu que je n'ai pas honte du travail de mon père ?

— Ah oui, tu n'es pas fâché du tout ?

— Ah quoi bon ? Ils m'appellent tous Doomu narkat ! Je n'ai jamais volé de ma vie, mais je serai éternellement appelé Doomu narkat.

— Alors que vas-tu faire ? Répliqua sa mère.

---

1. « *Léboon lipoon* » est une formule d'ouverture du conte wolof.

2. Doomu narkat signifie le fils du menteur

– Je montrerai à tous les habitants de notre contrée que je suis le digne héritier de mon géniteur.

Il ajouta :

– Mère, je te promets que tu ne manqueras de rien. Pour commencer, donne-moi tous tes bijoux.

La mère ne se fit pas prier. Elle mit au pied de son fils toutes ses parures en or, en argent, en ambre et en cuivre.

Le fis la remercia de sa confiance et lui dit :

— Mère, je réserverai ma première visite à l'autorité de notre contrée. J'irai voir le roi dès demain.

— Tu as ma bénédiction mon fils. Je sais qu'il ne t'arrivera rien.

Le lendemain, très tôt, il se rendit au *lumë*[3] et échangea la moitié des bijoux contre un beau cheval.

En route vers le tata du roi, il s'arrêta un moment pour bourrer le derrière du cheval avec le reste des bijoux.

Arrivé sur les lieux, il eut beaucoup de mal à accéder à la cour royale.

Un des gardes le mit en garde en ces termes :

— Je sais que tu es le fils du plus grand menteur de ce pays, le plus doué de sa génération, mais si tu mens au roi, tu seras ligoté et jeté au feu.

Après beaucoup de conciliabules, on le laissa rencontrer le roi.

— Quelle bonne nouvelle m'apportes-tu ? Demanda ce dernier.

Le roi chuchotait à l'oreille du *dag* qui relayait à haute voix ses propos.

Doomu narkat répondit avec calme :

— *Buur* ! J'ai un cheval extraordinaire ! Il ne se nourrit que de bouillie de mil, de lait et de miel.

Un murmure s'éleva dans l'assistance, Doomu narkat *nar na, Doom dji donn na bayam* ![4]

3. Grand marché

4. Le fils du menteur est le digne successeur de son père !

Le roi, d'un signe de la main, mit fin au verbiage :
– Continue Doomu narkat !

Il reprit :

– Mon cheval est exceptionnel Il boit du lait et du miel. C'est pourquoi ses crottes se transforment en or.

L'hilarité et l'indignation prirent le dessus, l'assistance réclamait sa tête.

Le roi leva encore la main et chuchota à l'oreille de son *dag*.

– Doomu narkat, donne-nous une preuve, une petite preuve, rapporta l'interprète.

Doomu narkat donna un violent coup à la croupe de l'animal et un bracelet en or tomba. Il donna un second et un autre bracelet en or tomba.

Le roi subjugué lui dit :

– Arrête, arrête, dis-moi combien tu veux ?

Très serein, le fils du menteur demanda une tonne de mil, des bovins, des cauris et des esclaves.

Tout lui fit remis et le roi demanda à ses palefreniers de bien s'occuper de son cheval.

Ces derniers le mirent dans la plus grande écurie et versèrent dans l'abreuvoir du lait et du miel.

Doomu narkat rentra avec ses richesses et offrit tout à sa mère.

Il lui dit :

– Mère, tu ne travailleras plus pour me nourrir ; tu as tes esclaves qui cultiveront tes champs.

Chez *Buur,* cependant c'est l'effervescence, le lendemain matin toute la cour voulait voir le fameux cheval aux selles en or.

Grosse déception et grande colère. L'écurie est sale, nauséabonde et jonchée de crottes de cheval.

Le roi dans une colère sourde donna l'ordre d'arrêter Doomu narkat et de le jeter dans un feu attisé pendant trois jours.

Aussitôt dit, le fils du menteur se retrouva au fond d'un trou, ligoté et attendant son supplice.

Trois jours plus tard, deux gardes vinrent le

chercher, le mirent dans un sac et se dirigèrent vers la sortie.

À l'orée du village, le feu, attisé dans un trou, l'attendait.

En cours de route, il dit aux gardes :

— Vous ne voulez pas être riches ? Je ne veux pas mourir sans vous dire où j'ai caché mon trésor. Ce n'est pas très loin, vous pouvez le prendre si vous y allez vite.

Les gardes le traitèrent de grand menteur sans scrupules. Il insista :

— Mais je suis dans un sac, attachez bien le bout et partez tranquillement! Si je meurs, vous perdrez tout !

Un des gardes convainc vite l'autre :

— Il a raison, il ne peut pas s'enfuir. Allons chercher le trésor, s'il ment, nous le torturerons avant de le jeter dans le feu.

Ils partirent. Doomu narkat tendit l'oreille et perçut le bruit des sabots d'un cheval.

Il commença à crier :

— Non ! Non ! Je ne veux pas être roi. Vous voulez faire de moi votre roi, mais je n'irais nulle part. Laissez-moi partir ! Je ne veux pas être roi !

— Pourquoi tu ne veux pas être roi ? Moi je veux être roi. Dit le Maure.

— Alors, délivre-moi ! Je te donne ma place, moi je préfère mille fois avoir ma liberté. Dit le fils du menteur.

Le Maure connaissait un peu la région. Il était un

peu sceptique, mais le fils du menteur finit par le convaincre. Il lui demanda ensuite d'entrer dans le sac. Enfin, il l'attacha solidement, l'assomma avec une pierre et prit ses jambes à son cou.

Après quelques minutes, ayant repris ses esprits, le vendeur de sel se mit à crier.

« Ya *wayli* ! Ya *wayli* ! *Fenkat! Narkat* ![5]....

______

5. Au secours... Menteur !

Quelques instants plus tard, les gardes revinrent. En l'entendant crier, ils lui donnèrent de violents coups de pieds.

— Menteur ! Menteur ! Ah oui, tu imites les Maures pour nous tromper ?

— Non *walahi*, je suis Maure ! *Tekkil Tekkil* ![6]

Les gardes se hâtèrent de le jeter au feu. De retour au palais, ils annoncèrent la nouvelle.

— Mission accomplie *Buur* ! Il est mort carbonisé.

Un an plus tard, Doomu narkat revint de son exil. Il revit sa mère et lui demanda de l'accompagner chez le roi. Il la rassura que tout se passera très bien.

Le garçon tua trois poulets et recueillit leur sang dans une petite outre en peau tannée et demanda à sa mère de la placer sous ses habits à hauteur du ventre ; sa maman s'exécuta et camoufla tout sous son *ndobino*[7].

Arrivé chez *Buur,* le fils déclencha un désordre indescriptible.

— Je vous salue Ö vous mon roi ! Vous ne me croirez jamais, je le sais, pour vous je ne suis qu'un vulgaire menteur. Mais je vous assure que je reviens de l'au-delà, car dans notre famille, nous avons ce pouvoir de ressusciter après la mort. Ton père te salue ainsi que ta belle jeune femme morte, l'année dernière.

Il anticipa sur la réaction du roi et planta un couteau sur le ventre de sa mère. Le sang gicla, le

6. Détachez-moi !

7. Sorte de Grand boubou

ndobino devint rouge de sang. Les gens étaient figés par la surprise et la peur.

Ils réagirent quelques secondes plus tard :

– OH ! Il a tué sa maman, *wõy* ! Il a tué sa maman !

Le garçon les rassura.

– N'ayez pas peur, calmez-vous ! Je peux la ressusciter.

Il se pencha au-dessus de sa maman et murmura quelques mots. Elle se leva lentement et étreignit son fils.

– Mon fils chéri ! Ton papa te salue ! Il est surtout content de toi.

Doomu narkat, fier, s'adressa au roi :

– Ö mon roi ! Vous avez vu de vos propres yeux que je suis capable de faire revenir les morts à la vie. Vous ne voulez pas revoir votre père ? Et votre belle jeune femme ? En tout cas, elle mène la belle vie là-bas !

Buur se lissait la moustache, ses yeux brillaient. Il décida de se faire poignarder par Doomu narkat afin de revoir ses chers et regrettés disparus.

La reine, prise de jalousie, voulut être du voyage avec retour.

Tous ceux qui voulurent partir au ciel se firent tuer bêtement.

Il revenait au fils du menteur de les ressusciter et de recevoir une récompense inoubliable.

Après son forfait, Doomu narkat prit la main de sa mère, enjamba les corps et s'installa sur le trône. Sa maman était assise à ses côtés.

Il s'assit à la place du roi et plaça sa mère à sa droite.

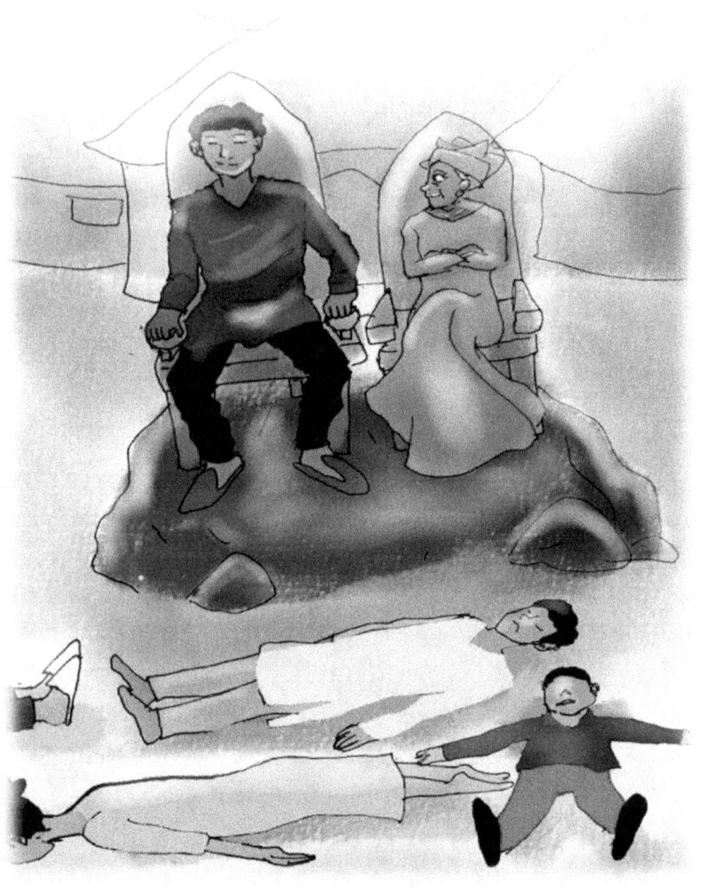

Les gens, subjugués, lui demandèrent de réveiller la famille royale. Il leur tint ses propos :

— Vous êtes bêtes ou vous le faites exprès ? Enlevez tous ces corps et revenez faire allégeance à ma mère et à moi ! Et que ça saute !

Il se tourna vers sa mère et lui dit :

– Mère, je ne connais pas tout le bien que les mensonges de mon père t'ont apporté, mais moi en tout cas « *fennaa ba nekk buur, yaw, nga doon Linguère, Yaayu Buur!*[8]

Fi la lèeb tabbe gèej. Ku ka ñëkë fõon dem Aldiana[9].

L'être humain est ingrat

Léebóon! Lipóon[1]

Il était une fois un homme sage qui aimait se réfugier dans la nature. Il était en perpétuelle quête de savoir et marchait à travers les sentiers broussailleux. Un matin, après avoir beaucoup marché dans la forêt, il entendit des cris stridents et des grognements. Devant lui, se trouvait un puits dans lequel étaient pris au piège beaucoup d'individus. Un lion, un éléphant, un serpent, un singe et un homme étaient tous au fond du puits.

Il avait marché pendant longtemps et était épuisé. Mais il se résolut à leur apporter son aide.

Il se pencha au-dessus du puits et demanda :

– Ces infortunés sont-ils des êtres vivants ?

Le lion lui répondit :

– Ah oui ! Nous sommes bien vivants, mais incapables de nous sortir d'ici!

– Ah ! Je vais essayer de vous sortir du puits.

---

1. *Léboon lipoon* est une formule d'ouverture du conte wolof.

Il tendit un bâton au lion. Le lion sort et prie pour lui:

– Si je te paye, que Dieu te paye. Si je ne te paye pas, que Dieu te paye.

Il tendit le bâton au singe.

Le singe le remercie et prie pour lui:

– Si je te paye, que Dieu te paye. Si je ne te paye pas, que Dieu te paye.

Il tendit le bâton au serpent. Le serpent sort et prie pour lui :

– Si je te paye, que Dieu te paye. Si je ne te paye pas, que Dieu te paye.

Il tendit encore le bâton et sortit l'éléphant.

L'éléphant prie pour lui :

– Si je te paye, que Dieu te paye. Si je ne te paye pas, que Dieu te paye.

Tous les animaux sont extirpés du puits, il ne lui restait maintenant qu'à sauver le seul homme tombé avec les bêtes dans le puits.

Il s'apprêta à le sortir lorsque le lion le stoppa:

– Hé mon ami !

– Oui ?

– Laissez l'être humain au fond du puits, ne le sortez pas !

– Pourquoi ? L'interrogea-t-il.

– Il est ingrat, l'humain est ingrat et ne paye pas ses dettes.

– Non, ne dis pas cela. J'ai sorti l'éléphant, le singe, le serpent et toi le lion en premier. Un humain comme moi est toujours au fond et tu ne veux pas que je le sauve lui aussi ?

Tous les animaux le suppliaient à présent.

– L'être humain est ingrat, il vaut mieux le laisser au fond du puits !

– Non, je vais lui tendre ma main, il est un homme comme moi ! Rétorqua-t-il.

Le serpent tenta désespérément de le retenir.

– Mon ami, ne sortez pas l'homme ! Il ne paye pas ses dettes !

– Toi le serpent, rampant au sol, si j'accepte de te sortir, comment pourrais-je refuser de sortir un homme ?

– Merci, Merci, dit le serpent. Sortez-le !

Il aida l'être humain à se dégager. Ce dernier le remercie chaleureusement et prie pour lui :

– Mon frère, si je te paye que Dieu te paye, si je ne te paye pas, que Dieu te paye.

– Amen, merci pour toutes vos prières. Je dois continuer mon chemin maintenant.

Ils se séparèrent tous et chacun prit son chemin.

L'homme sage reprit sa marche et durant dix jours, il traversa la savane. Il vit enfin une source d'eau claire et lorsqu'il se pencha pour boire, il entendit le rugissement d'un lion. Celui-ci était derrière lui et venait dans sa direction. Il rugit encore.

L'homme sage le vit marcher vers lui, mais ne fuit pas malgré sa crainte.

Le félin se redressa devant lui et lui dit :

— Mon ami ! N'aie pas peur. Tu ne me reconnais pas ? Je suis le lion que tu as sorti du puits.

— C'est toi ? Dit le forgeron, étonné.

— Oui. Tu marches aussi dans la savane ? Tu es en sécurité dans mon territoire.

Puis, le lion ajouta :

— Attends-moi ici. Je vais t'offrir de l'or, de beaux bijoux en or que tu pourras revendre.

L'homme était soulagé et content.

Le lion se dirigea à la rivière, non loin des habitations. Il avança lentement vers les filles de la Reine lavant leur petit linge. Le lion fit mine de les attaquer en rugissant, elles s'enfuirent laissant sur place leurs bracelets et leurs bagues qu'elles ôtaient pour la petite besogne.

Il ramassa tous les bijoux et courut vite retrouver son bienfaiteur.

— Mon ami ! Tenez, c'est à vous! Partez tranquille. Je vous serai éternellement reconnaissant.

L'homme sage remercia chaleureusement le lion et reprit sa route.

Il continua à marcher, à marcher encore !

Un soir, il fit une halte et voulut dormir, mais un bruit dans les arbres retint son attention. Un singe surgit aussitôt et s'adressa à lui :

— Mon ami, n'ai pas peur ! C'est moi, le singe que tu as sorti du puits, m'as-tu oublié ?

– Non, non ! Répondit-il, un peu surpris.

– Ah ! Vous avez surement faim ! Je vais vous chercher des mangues, des pommes de cajou, des bananes. Il y a tous les fruits ici, tu mangeras à satiété et tu en emporteras !

– Merci, merci.

Le singe cueillit beaucoup de fruits pour son bienfaiteur.

Le lendemain, il l'accompagna jusqu'à l'orée d'une ville. Le sage le remercia fortement. Il entra dans la ville et chercha un forgeron afin de lui céder les bijoux offerts par le lion. Avec l'argent tiré de la vente, il mettrait sur pied son projet.

Il aperçut enfin la forge.

Il salua le bijoutier assis devant un feu.

— Avez-vous la paix !

— La paix seulement. Répondit le forgeron qui le reconnut aussitôt.

— Bonjour, mon ami ! Je suis l'homme que tu as sorti du puits, il y a quelques mois. Merci encore.

— Je t'en prie, j'ai déjà oublié. Cependant, je n'ai pas quitté la nature depuis tout ce temps et j'ai même rencontré le lion et le singe, ils m'ont respectivement donné des bijoux et des fruits.

L'homme sage offrit des fruits au forgeron. Puis fouilla dans ses habits et lui remit les bracelets et bagues en or.

— Je voudrais acheter des cadeaux plus simples à ma famille, peux-tu acheter cet or?

— Hum! C'est du dix-huit carats, de l'or authentique. Oui, je le ferai pour toi. Assieds-toi et attends-moi. Je dois aller chercher mon argent.

Il s'assit et l'attendit malgré sa fatigue.

Le forgeron se rendit aussitôt chez le roi de la petite ville.

– *Buur*[2] ! Celui qui se transforme en lion dans la forêt et vole les biens d'autrui, se trouve dans ma forge. Il a volé des bijoux, ils sont là.

Le roi reconnut les bracelets et les bagues appartenant à ses filles. Il donna l'ordre d'arrêter immédiatement le voleur de bijoux.

2. « *Buur* » : roi.

Le forgeron revint dans l'atelier avec des gardes armées qui mirent les menottes au prétendu voleur.

L'homme sage n'en crut pas ses yeux, il essaya de s'expliquer :

— Je ne suis pas un voleur, c'est mon ami le lion qui m'a offert ces bijoux. Tu dois me croire!

— Non ! Tu es un voleur, tu habites dans la brousse et tu te transformes pour voler les biens des personnes honnêtes. Rétorqua le forgeron. Puis, il s'adressa aux gardes.

— En dépit de tout ce que dira cet homme, sachez que c'est lui le malfaiteur qui se transforme pour voler les bijoux des gens !

Le pauvre homme fut jugé et condamné à mort parce qu'il avait commis un crime de lèse-majesté. Il a volé le roi.

Le jour de son exécution est fixé et tous les habitants sont invités à assister au spectacle.

« Le roi vous informe que celui qui était dans la brousse et qui se transformait en lion pour voler les bijoux de nos princesses est arrêté. Il sera exécuté demain matin ».

Mais le roi était un peu troublé, il savait que ce prisonnier était différent des autres. Celui qui peut se transformer en lion pour voler les gens peut aussi se transformer au moment de l'exécution. « Donc demain, au lever du soleil, il faudra être vigilant ». Pensa-t-il.

Dans sa cellule, le pauvre homme priait et priait encore. Il invoquait Dieu à chaque seconde. Tout d'un coup, il fut interrompu par un sifflement. Un serpent s'était introduit dans sa petite pièce.

Il sursauta légèrement. Mais le serpent le rassura ;

— Bonjour mon ami, n'ayez pas peur de moi. Je suis le serpent que vous aviez tiré du trou. Lorsque tu avais sorti le lion, sorti le singe et moi-même, nous t'avions interdit de sortir l'être humain ingrat. Il ne paye pas ses dettes.

— Vous aviez raison, je suis en prison à cause de ses mensonges !

— Ne t'en fais pas, il ne gagnera pas. Demain, lorsqu'ils s'apprêteront à te tuer, j'en mordrai quatre et si tu ne les touches pas, ils mourront. J'en mordrai après sept. Mais ceux que tu toucheras devront te donner une récompense !

Au petit matin, la place publique refusait du monde.

Chacun faisait part de son idée, celle qui serait la plus efficace ou la plus rapide pour envoyer le voleur ad patres.

Pendant ce temps, le serpent s'infiltra dans la foule et mordit un homme.

Il cria :

– Mon Dieu ! Un serpent! Il m'a mordu !

Un deuxième cria :

– Il m'a mordu, il m'a mordu moi aussi.

Les gens criaient :

– *Wooy* ! Il faut appeler les charmeurs de serpent[3] !

En une minute, quatre personnes étaient au sol, mordues par le serpent. Dans chaque village fut envoyé un coursier pour faire venir rapidement celui qui avait l'antidote.

Le premier soigneur arriva, mais essaya en vain d'enlever le venin. Il était le premier surpris après avoir tout essayé. En plus, le serpent s'était volatilisé.

Un deuxième arriva, mais ne put rien faire. Ainsi qu'un troisième. Les victimes du serpent étaient à l'article de la mort.

C'est le moment choisi par le prisonnier pour donner des coups sur sa porte barricadée. Apparemment, tout le monde avait oublié sa présence. Tous les regards se tournèrent vers lui.

– Écoutez-moi ! Cria-t-il derrière sa porte. Je peux extraire le venin du serpent, ouvrez la porte et vous verrez!

Le roi n'était pas convaincu et pensait à une ruse de la part du sage. Mais son conseiller lui souffla quelques mots à l'oreille et sa réaction surprit le public.

____

3. *Lugkat* : celui qui extrait le venin.

– Très bien, faites-le sortir! S'il se paye ma tête, il le regrettera. Détachez-le!

L'homme sage s'avança vers les malades.

Il toucha le premier mordu : Celui-ci se redresse et éternue *Tisooli*[4].

Il toucha le deuxième : Celui-ci se redresse et éternue.

Il toucha le troisième : Celui-ci se redresse et éternue.

Il restait encore des victimes au sol, mais il arrêta les soins. Le roi lui promit la liberté et des richesses s'il soignait toutes les victimes du serpent. Leurs proches le suppliaient de continuer.

Le roi lui offrit séance tenante, de l'or, de l'argent et du bétail.

Il toucha enfin tous les hommes au sol et comme par miracle, ils se portèrent tous comme un charme.

Les proches des blessés, heureux, offrirent à leur tour, de l'or et du bétail. Le serpent lui a non seulement sauvé la vie, mais l'a rendu riche.

Le roi donna enfin la parole à l'homme sage qui, devant son calomniateur, expliqua en détail les circonstances de leur rencontre. Il a sorti le forgeron du puits malgré les avertissements du serpent, du lion, du singe et de l'éléphant.

Le roi secoua la tête et conclut :

– Oui ils ont eu raison, l'humain est parfois

____

4. *Tisooli* : Onomatopée, mais l'éternuement symbolise la guérison.

ingrat. Gardes ! Enfermez ce menteur doublé d'un traitre!

Le forgeron est rapidement mis aux arrêts. Quant à l'homme sage, il gagna un poste de conseiller spécial du roi et demanda à sa famille de le rejoindre.

Fi la lèeb tabbe gèej. Ku ka ñëkë fõon dem Aldiana[5].

---

5. C'est ici que le conte s'est jeté à la mer et le premier qui le sentira ira au paradis

Table des matières

Ce recueil a été imprimé
en mai 2020
au Québec (CANADA)
pour le compte
des Éditions Presses Panafricaines